Ignacio González Campos

Ética Retrospectiva

La Psicoterapia para la Expiación

DESTILADA DE

Un Curso de Milagros

LIBRO SEGUNDO

APLICACIONES PRÁCTICAS

FUNDACIÓN CAROREÑA PARA LA EXPIACIÓN Y LA PAZ INTERIOR

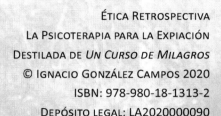

Ética Retrospectiva
La Psicoterapia para la Expiación
Destilada de *Un Curso de Milagros*
© Ignacio González Campos 2020
ISBN: 978-980-18-1313-2
Depósito legal: LA2020000090

Fundación Caroreña para la Expiación y la Paz Interior

Fotografía de la portada:
Marconi José González Gutiérrez
Diseño/Maquetación:
Luis Ruiz / eluisruiz@gmail.com

Libro Segundo
ISBN: 978-980-18-1315-6

Impresión:

¿Qué podrías desear que el perdón no pudiese ofrecerte? ¿Deseas paz? El perdón te la ofrece. ¿Deseas ser feliz, tener una mente serena, certeza de propósito y una sensación de belleza y de ser valioso que transciende el mundo? ¿Deseas cuidados y seguridad, y disponer siempre del calor de una protección segura? ¿Deseas una quietud que no pueda ser perturbada, una mansedumbre eternamente invulnerable, una profunda y permanente sensación de bienestar, así como un descanso tan perfecto que nada jamás pueda interrumpirlo? El perdón te ofrece todo esto y más (L-pI.122.1:1-6.2:1).

Este Libro Segundo está dedicado muy amorosamente a Rosa María Wynn, de quien me vino el conocimiento de la Expiación y la inspiración de la psicoterapia de *Un Curso de Milagros*; a Lisbeth Palmar de Adrianza, aprendiz de Rosa María y hermana mía; a mi amiga Judy Skutch Whitson, fundadora de Fundation For Inner Peace; a mis hermanas del curso Jacqueline Romero Fuenmayor y Daniela Flores, amores inestimables de Rosa María; a mis hermanos incondicionales José Luis y Ángeles Molina Millán; a Fina Pereña y a Luis Javier Caballero.

Judy Skutch Whitson, Rosa María Wynn y Lisbeth Palmar de Adrianza. Casa de Judy en Tiburón, Bahía de San Francisco, California, USA, 2011.

Lisbeth Palmar de Adrianza flanqueada por Whit y Judy Skutch Whitson, a la derecha Ignacio González Campos, y a la izquierda Ornellys Briceño, en la casa de Judy en Tiburón, Bahía de San Francisco, California, USA, 2011.

PRÓLOGO

Un día cualquiera, recibo una llamada de Ignacio, mi hermano, y luego de pedirme la bendición, me solicita que prologue el Libro Segundo de su serie. A la fecha, ya había escuchado de sus labios, que estaba metido de lleno en la redacción de un libro sobre sus experiencias y vivencias de *Un Curso de Milagros* –UCDM– y su Ética Retrospectiva ÉR; aunque nunca develaba algo concreto. Como quiera que desde hace ya muchos años, los encuentros con Ignacio, mi hermano, siempre terminan girando sobre el tema en cuestión, no me era raro suponer que era cierta su intención. En fin, cuando recibí el correo contentivo del libro, entendí que no se trataba de un sueño sino de una realidad concreta. Confieso que lo leí con fruición. Es un libro muy bien estructurado y mejor pensado, tal como es la mente de Ignacio, mi hermano, enfocada y juiciosa; como buen ingeniero, pero mejor, como restaurador.

Ignacio, mi hermano, desde chiquito demostró dotes de hombre inteligente, sabio y fuera del montón. Por esa misma razón, es que le viene al pelo el adjetivo de restaurador, no solo de edificaciones y obras antiguas, sino de su propia mente y conciencia; lo que deja demostrado profusamente en esta obra escrita en la que devela su ser, su vida, su luz, su desobediencia e impertinencias.

> Hermano mío, eres parte de Dios y parte de mí. Cuando por fin hayas visto los cimientos del ego sin acobardarte, habrás visto también los nuestros. Vengo a ti de parte de nuestro Padre a ofrecerte todo nuevamente ¿Cómo no ibas a responder jubilosamente a la llamada del amor? (T-11. in.4:1-3,8). Tu Padre no te ha negado. Él no toma represalias, pero sí te pide que retornes. Cuando piensas que Él no ha respondido a tu llamada es porque tú no has respondido a la Suya (T-10.V.7:1-3).

Este Libro Segundo, como lo asegura en el Prefacio –en el Libro Primero–, nos relata el cómo llegó a la ÉR destilada de UCDM. Lo cuenta todo con emoción y convicción, desde haber desobedecido a su maestra hasta los inteligentes recursos y habilidades didácticas que fue produciendo en el devenir de su vida, sus éxitos y, también, sus caídas temporales. Sí, temporales, porque como él mismo lo cuenta, cuando te caes y lo asumes, por mucho tiempo que te haya abrigado el dolor de la pérdida, el duelo, la ira o cualquier otro sentimiento negativo o malsano, después que recobras la soberanía de tu mente, el pasado fue solo un tris, ni siquiera un mal recuerdo, porque estás de nuevo allí en tu presente. Ignacio, mi hermano, traduce todo en las prácticas de la psicoterapia que experimentó en carne propia en sus encerronas, de la mano de su maestra Rosa María

Wynn; hasta cómo las convirtió en poderosas herramientas para formar otros maestros, y más que ayudar, contribuir a una mejor humanidad, construir la paz. No se podía esperar otra cosa de un Maestro de la Paz.

El Libro Segundo contiene tres partes y se desarrolla en nueve capítulos, más un necesario y complementario apéndice. La Primera Parte, "La Psicoterapia al alcance de todos", abunda sobre la autopsicoterapia, así como la psicoterapia a distancia y colectiva. Justifica el método, lo comprueba, lo decreta. La Segunda Parte, "Alcance de la Psicoterapia", muestra más que una metódica, un reto a discernir sobre emociones, proyecciones, el dinero; y el acostarse, dormir y despertarse. No se puede dejar de lado ni una línea de esta lectura, no sólo esclarecedora y decididora, también amena, augural y reconfortante. Por último, la Tercera Parte, "Regalos de Rosa María Wynn", me permitió comprender mejor sobre el pedir y ofrecer milagros en el Nombre de Cristo Jesús; la importancia de los antecesores y la terapia transgeneracional para el perdón y el consiguiente pago de deudas en el mundo de las formas; la autoestima y los mudras; así como de esos íconos sobre los cuales no había compartido en familia o al menos, en mi presencia, que obtuvo de su maestra; y que forman parte de la simbología propia de lo que es y seguirá siendo su misión vital, la paz. El Rosario Esenio o Mala, la Palomita de plata y la Pulserita de goma.

Con amor y gratitud, me abro a recibir este Libro Segundo y la obra completa de Ignacio, mi hermano; ofreciendo un milagro en Nombre de Cristo Jesús, a todos aquellos que lo lean y aprovechen para ser mejores personas humanas, pletóricas de paz interior, y como multiplicadores de la Expiación del Espíritu Santo y el perdón; constructores como el maestro Ignacio, el Restaurador, de un mundo mejor, más humano y en paz. Que la misericordia de Dios nos bendiga a todos, siempre.

Misión cumplida Ignacio.

Carlos Gonzalo González
Hermano mayor del autor
Carora, 13 de septiembre del 2020

ÍNDICE

Introducción General

He contado muchas veces que me hice psicoterapeuta en las encerronas de Rosa María Wynn en las diferentes Formaciones de Maestros de Dios que impartió. No era su intención formar psicoterapeutas ni tampoco presentarnos un método. Sólo nos estaba enseñando a procesar los asuntos que no habíamos podido resolver por nuestra cuenta, tal como ella lo hacía, para luego de conseguida la causa entregarla a la Expiación. Nos explicaba previamente lo que teníamos que hacer y facilitaba un instructivo de una página. Eso era suficiente para mí. A pesar de que Rosa María pidió que no contáramos a nadie la experiencia de la encerrona, para que fuera siempre una sorpresa para los nuevos participantes, fui desobediente. Como tuve éxito en la experiencia, mi intención era que los que no tenían posibilidades de asistir a dichas Formaciones hicieran lo mismo para procesar sus problemas. Resultaron desobedientes como yo, ya que no me hicieron caso. Traté de que repitieran conmigo en voz alta y siguieran los pasos tal como yo lo hice en la encerrona y que me había funcionado. Desde allí surge la psicoterapia asistida, y por consiguiente, un método.

Cada uno de los instructivos que nos regaló Rosa María Wynn, y con los cuales aprendí a procesar por mi cuenta mis propios asuntos, están en este tomo. Los extiendo, porque es necesario que cada quien aprenda a procesar por su cuenta, y si es posible de la manera como yo lo hice. No conozco otra técnica psicoterapeuta que nos permita procesar para nosotros mismos. "La psicoterapia es un proceso que cambia la manera en que uno se ve a sí mismo" (P-2.in.1:1). También extiendo los instructivos que me fueron inspirados por Jesucristo, ahora con el propósito de la autopsicoterapia o psicoterapia individual, que he dado a cada participante de las Maestrías que imparto, cuando entran al desierto o encerrona.

Ahora contamos con un novedoso método que lo facilita, descrito paso a paso en el Libro Primero. Por eso muestro en este Libro Segundo, la manera como llegué al método de la "Ética Retrospectiva, la Psicoterapia para la Expiación destilada de *Un Curso de Milagros*", de aquí en adelante ÉR, y sus aplicaciones prácticas.

La Psicoterapia es la única forma de terapia que existe. Puesto que la mente es lo único que puede enfermar, es asimismo lo único que puede ser sanado. Sólo la mente tiene necesidad de curación. Esto no parece ser así, pues las manifestaciones de este mundo ciertamente parecen reales. Por ello, la psicoterapia es necesaria para que el individuo comience a cuestionar la realidad de éstas (P-in.1:1-5). Dicho llanamente, el propósito de la psicoterapia es eliminar los obstáculos a la verdad. Su finalidad es ayudar al paciente a abandonar el sistema fijo de creencias ilusorias que alberga y a empezar a reconsiderar la falsa relación de causa y efecto sobre la que descansa dicho sistema (P-1.1:1-2).

Luego de que se hicieron frecuentes las psicoterapias individuales asistidas, surge la necesidad de adaptarlas a un trabajo de mayor alcance para ahorrar tiempo y se lo pedí a Jesucristo y al Espíritu Santo. Se me inspiró la manera de realizarla en los grupos que asistían a mis seminarios. De este modo, cada quien tomado de la mano de Jesús, al igual que todos los demás, siguiéndome, confesaba a Dios lo que le aquejaba en voz alta, pudiendo recordar la causa de su problema. Luego continuábamos asumiendo la responsabilidad de lo conseguido, hasta llegar a dejarlo todo en manos de la Expiación del Espíritu Santo. A esa experiencia le llamé la Psicoterapia Colectiva o Grupal.

Por otra parte, de las experiencias que leí de Helen Schucman y escuché de Rosa María Wynn, sobre ayudar a sus amigos ausentes cuando les llegaba a su mente la petición de ayuda, surge con este método de la ÉR, la Psicoterapia a Distancia, donde no está presente la persona que requiere la asistencia. De allí también pude comprobar que funciona perfectamente la ÉR a través de una llamada telefónica al fijo o al celular y por video-llamadas, por Facebook, Zoom, Instagram y Whatsapp.

Los dones de Dios rara vez pueden recibirse directamente. Aun los maestros de Dios más avanzados sucumben a las tentaciones de este mundo. ¿Sería acaso justo que se les negara la curación a sus alumnos por esa razón? La Biblia dice: "Pide en el Nombre de Jesucristo". ¿Es esto simplemente una invocación a la magia? Un nombre no cura ni tampoco puede una invocación generar ningún poder especial. ¿Qué significado puede tener entonces apelar a Jesucristo? ¿Qué confiere el invocar su Nombre? ¿Por qué forma parte de la curación pedir en su Nombre? (M-23.1:1-9).

Este Libro Segundo contiene en su Primera Parte los instructivos para las encerronas de Rosa María Wynn, con todas sus recomendaciones y las dinámicas que ella proponía acerca del Punto de Encaje y la Recapitulación, que había tomado de las enseñanzas del nagual de Carlos Castañeda; le siguen los instructivos de las encerronas que me ha inspirado Jesucristo para cada Maestría para Psicoterapeutas con la ÉR que he impartido, y las diferentes experiencias de las aplicaciones prácticas con el método de la ÉR en psicoterapias a distancia y colectivas.

En la Segunda Parte continuamos con las aplicaciones prácticas del método de la ÉR a otras situaciones. Empezando por la forma como aborda las emociones *Un Curso de Milagros* y la manera de procesarlas con el método; el Chivo expiatorio y un ejercicio magistral de perdón del curso;

continuando con mi experiencia compartida en múltiples talleres acerca de la economía al servicio del plan de Dios para la Salvación, con el método que aprendí de Bob Mandel y la aplicación del método de la ÉR para los asuntos referentes al dinero, que a mí me dieron resultado; concluimos con la utilidad de los sueños a la hora de conseguir la causa de aquello que nos quita la paz, y la meditación que surgió de *Un Curso de Milagros* para el despertar.

La Tercera Parte está dedicada a extender los regalos de Rosa María Wynn. Aquí debo repetir que no puedo dar menos de lo que he recibido. He querido compartir y extender todas sus enseñanzas; las que ella me dio, y de las cuales saqué provecho. De su propia inspiración les ofrezco con su total aprobación: la petición de milagros para los demás; también la Terapia Transgeneracional por pocos conocida, que permite que a través de nosotros, la Expiación del Espíritu Santo des-haga todo aquello que nuestros ancestros y todos los que nos antecedieron entendieron mal; continuando con sus experiencias de pedir perdón y cancelar toda deuda pendiente con la filiación; seguido de algunas aclaratorias a inquietudes que le mostramos sus estudiantes, y el gran obsequio que nos hizo a sus discípulos en España. Termino en el apéndice con la correspondencia entre Rosa María Wynn y mi persona, donde encontraremos muchísimas enseñanzas, y la tabla de Lenda Yelitza Mazzei Aldana, de contraste entre la autopsicoterapia y la psicoterapia para asistir a otro, que también se encuentra en el Libro Primero.

> El ego no será destruido porque forma parte de tu pensamiento, pero como no es creativo y es, por consiguiente, incapaz de compartir, será reinterpretado de otra manera para así liberarte del miedo. La parte de la mente que le diste al ego regresará simplemente al Reino, donde a toda ella le corresponde estar (T-5.VI.9:4-5).

PRIMERA PARTE
LA PSICOTERAPIA AL ALCANCE DE TODOS

CAPÍTULO 1
LA AUTOPSICOTERAPIA. LA PSICOTERAPIA PERSONAL O INDIVIDUAL

I. INTRODUCCIÓN

No te das cuenta en ninguna de las situaciones que se presentan ante ti del desenlace que te haría feliz. No tienes, por lo tanto, una pauta por la que regir debidamente tus acciones ni manera alguna de juzgar sus resultados. Lo que haces está determinado por tu percepción de la situación de que se trate, y esa percepción es errónea. Es inevitable, pues, que nada de lo que hagas sea en beneficio de lo que más te conviene. No obstante, lo que más te conviene constituye tu único objetivo en toda situación que se perciba correctamente. De no ser así, te resultará imposible reconocerlo (L-pI.24.1:1-6).

Con Rosa María Wynn, en su primera Formación de Maestros de Dios, en Los Teques en el estado Miranda, Venezuela, practiqué por primera vez el desierto o encerrona, en una habitación individual, con alimentación ligera como granola, semillas, frutos secos, naturales y agua. Ella dijo que la Voz le pidió que la experiencia fuese por 3 días, y comentó que hay personas que lo han hecho por 21 días. En su condescendencia lo rebajó a un solo día, jajaja.

Nadie podría resolver todos los problemas que el mundo parece tener. Éstos parecen manifestarse en tantos niveles, en formas tan variadas y con contenidos tan diversos, que crees enfrentarte a una situación imposible. Tal como los percibes, el desaliento y la depresión son inevitables. Algunos surgen inesperadamente, justo cuando creías haber resuelto los anteriores. Otros permanecen sin resolver bajo una nube de negación, y emergen de vez en cuando para atormentarte, mas sólo para volver a quedar ocultos pero aún sin resolver (L-pI.79.5:1-5).

Entramos al atardecer desconociendo la hora de la salida del día siguiente. Se dijo que nos avisarían con una campanada para bañarnos y vestirnos, y dos campanadas para salir. No se llevó a la habitación el libro de *Un Curso de Milagros*, ni otros recursos de lectura, ni teléfonos, reloj, computadora, etc. Tampoco chucherías o golosinas. Rosa María lo quitó todo, por ser distracciones. Dio libreta y lápiz. Se podía llorar, golpear el colchón y gritar, dormir todo lo que provoque y bañarse, sin mirar por las ventanas. Repartió un instructivo a seguir, dictado por Jesucristo, para entrar y para salir del recogimiento. Nos dijo la explicación de los temas a trabajar y cómo proceder. Fuimos asistidos desde afuera por un equipo que leía cualquier petición anotada en un papelito pasado por debajo de la puerta, y hubo encargados de surtir agua, al sacar la botella sin mirar afuera. Es un momento de purificación, que se debe experimentar preferiblemente arrodillado.

> Para el Espíritu Santo el mundo es un lugar en el que aprendes a perdonarte a ti mismo lo que consideras son tus pecados. De acuerdo con esta percepción, la apariencia física de la tentación se convierte en el reconocimiento espiritual de la salvación (L-pI.64.2:3-4).

Se escoge un problema que persiste aún en el presente sin solución, que nos aqueja; se le entrega todo a Dios, siendo brutalmente honestos; cualquier dolor, decepción, amargura, enojo. Luego del vaciado, cuando ya no quedó nada, aceptamos que debimos habernos equivocado porque no estamos en paz. "Cuando te des cuenta de que la culpa es sólo una invención de la mente, te darás cuenta también de que la culpa y la salvación tienen que encontrarse en el mismo lugar. Al entender esto te salvas" (L-pI.70.1:5-6). Se le pide al Padre que traiga a nuestra mente el momento de nuestro pasado donde nos equivocamos, el recuerdo de aquello que hicimos sin amor que Dios no hubiese hecho, o aquello que dijimos sin amor que Dios no hubiese dicho, o lo que pensamos sin amor que Dios no hubiese pensado; o lo contrario, lo que Dios sí hubiese hecho, dicho o pensado, y no lo hicimos, dijimos o pensamos. Lo que vino a nuestro recuerdo, se tiene que reconocer que lo hicimos a sabiendas, porque de no reconocerse, dice Rosa María, el ego tiene terreno fértil para hacernos sentir culpa de nuevo. También se tiene que reconocer que no fue el Hijo de Dios en nosotros el que cometió ese error, que nos equivocamos y por eso pedimos perdón. La causa que conseguimos se entrega a la Expiación, y volvemos a arrancar con otro asunto. "Ésta es la situación en la que te encuentras ahora. Dispones de la respuesta, pero todavía no estás seguro de cuál es el problema. Pareces enfrentarte a una larga serie de problemas, todos diferentes entre sí, y cuando uno se resuelve, surge otro y luego otro" (L-pI.79.3:1-3). Todo lo que se pueda procesar en un día.

> Si pudieras reconocer que, sea cual fuere la forma en que se manifieste, el único problema que tienes es el de la separación, aceptarías la respuesta, puesto que verías su relevancia. Si advirtieras el común denominador que subyace a todos los problemas a los que pareces enfrentarte, comprenderías que dispones de los medios para resolverlos todos. Y emplearías los medios porque habrías reconocido el problema (L-pI.79.6:2-4).

Al oscurecer del día siguiente, luego del último aviso, salimos con la cabeza cubierta con velo blanco, las mujeres, y gorra blanca, los hombres, con ropa blanca lavada y planchada, al encuentro con Rosa María. Ella nos esperó en el altar de un templo, para recibir el toque de Cristo, luego de la purificación. Durante el primer encuentro, que fue inmensamente conmovedor, ella me pidió que me comprometiera con la Expiación y la llevara al mundo. Me comprometí y lo estoy haciendo. Desde ese momento fui el feliz aprendiz de la Expiación.

Aquí es donde el mundo recuerda lo que perdió cuando fue construido. Pues aquí se le repara y se le renueva, pero bajo una nueva luz. Lo que estaba destinado a ser la morada del pecado se convierte ahora en el centro de la redención y en el hogar de la misericordia, donde todos los que sufren son curados y se les da la bienvenida. A nadie se le niega la entrada en este nuevo hogar donde su salvación le aguarda. Nadie es un extraño aquí. Nadie le pide nada salvo el regalo de aceptar la bienvenida que se le ofrece (L-pI.159.7:1-6).

En el proceso de la encerrona descubrí que si soy honesto y genuino en mi intención de perdonar no importa qué, ya habiendo descargado toda mi cantaleta y mi queja al Padre, ya habiendo reconocido que tuve que haberme equivocado: es que se abre el camino para que venga a mi recuerdo aquel momento de mi pasado, aún en vigor y grabado en mi memoria, donde se encuentra la fuente de mi problema, la culpa que eché o me eché, el error que cometí o mi decisión equivocada, causante de los efectos indeseables que aún sigo experimentando en esta vida. Es un milagro poder acceder a esa información encriptada bajo muchos velos por el ego, a quien le di mi consentimiento, y poder dejarlo en manos de la Expiación del Espíritu Santo para que la causa sea deshecha y quede sin efectos y sin consecuencias. Lo que queda al final es la sensación de desprendimiento de un peso enorme, la liberación de una culpa ancestral, el júbilo y la gratitud por el milagro recibido, la liberación de la culpa en mí y en el otro, y de la idea del pecado.

El plan de Dios para la salvación es eficaz sencillamente porque bajo Su dirección buscas la salvación allí donde ésta se encuentra. Pero si has de tener éxito, como Dios promete que lo has de tener, tienes que estar dispuesto a buscarla sólo allí (L-pI.71.5:1-2).

Cuando se me inspiró a dar Maestrías para Psicoterapeutas de *Un Curso de Milagros*, le pedí autorización a Rosa María Wynn para utilizar su sistema de retiros de 7 días y 6 noches y la Encerrona. Ella me dio su consentimiento, excepto para el uso de las velitas en el piso que marcaban el camino desde la salida de la habitación al altar donde ella nos esperaba. Las razones que le expuse fueron: que me daba paz entrenar en una descarga completa, práctica e intensa en esa semana de retiros, y no la opción del entrenamiento que recibí de *Constelaciones Familiares* en diez fines de semana, uno por mes.

Aquí presento para quien desee encerrarse por 24 horas sin distracciones de ningún tipo a practicar con los instructivos que me ha dictado Jesús. En cada Maestría que he impartido, el tema a trabajar cambia, justo como también pasó en las Formaciones de Rosa María, de las cuales asistí a 6 de 8 que dio entre Venezuela, España y México.

Particularmente, a lo que más provecho le he sacado en mi psicoterapia personal es a las encerronas. Las practiqué en cada una de las Formaciones de Maestros con Rosa María Wynn y en cada Maestría que doy. Allí fue que me convertí en psicoterapeuta. Si funcionó para mí, funciona para los demás. Los textos a continuación son inspirados por Jesús, nótese la evolución de una Maestría a otra.

Un solo pensamiento, completamente unificado, servirá para unificar todos los pensamientos. Esto es lo mismo que decir que una sola corrección bastará para que todo error quede corregido, o que perdonar a un solo hermano completamente es suficiente para brindar la salvación a todas las mentes. Pues éstos son sólo algunos casos especiales de la ley que rige toda clase de aprendizaje, siempre que esté dirigido por Aquel que conoce la verdad (L-pI.108.5:1-3).

Daniela Flores, Ignacio González Campos y Jacqueline Romero Fuenmayor. Estas hermanitas fueron las cómplices de Rosa María Wynn en muchas de sus encerronas.

II. Desiertos de Recogimiento de Rosa María Wynn

Me viene compartir con la intención de que otros lo pongan en práctica, el recurso principal que usó Rosa María Wynn en los tres Módulos de Formaciones para Maestros de Dios, que obedientemente llevó a cabo por petición de la Voz del Espíritu Santo. Desiertos de recogimiento, o popularmente llamados encerronas. Ella comentó que la sugerencia era aislarse por tres días, pero como era primera vez, lo haríamos por 24 horas aproximadamente. También reconoció que era una técnica practicada por varias religiones, pero que ella lo haría a su manera para enseñar las lecciones de *Un Curso de Milagros*. En cada uno de los ocho módulos que impartió en total, —repitió el primero dos veces más, el segundo y el tercero una vez más— planteaba un tema diferente para trabajar y procesar. Cada módulo tenía sus recomendaciones para la encerrona con el propósito de lograr la purificación. Repartió una guía para iniciar el desierto y otra para la salida, con el propósito de reafirmar nuestra disposición a procesarlo todo. Nos explicaba cómo proceder y qué buscar cuando hacíamos una recapitulación escrita. De allí pude experimentar, después de una confesión y vaciado, que sí funciona pedirle al Padre o al Espíritu Santo que traiga a mi recuerdo aquello que tengo pendiente por perdonar y que está desde el pasado encriptado en la memoria, para poderlo deshacer y tomar allí una nueva decisión. Muy importante la recomendación de ir al desierto con buena disposición y con nuestro consentimiento de hacerlo.

No hemos perdido de vista lo importante que es invertir completamente tu manera de pensar. La salvación del mundo depende de ello. Mas no podrás ver si te sientes coaccionado o si te abandonas al resentimiento y a la oposición (L-pI.20.1:4-6).

Para el primer módulo en el 2004 nos indicó decir: Quiero ver Padre cualquier decisión que yo tomé. Y seguir los siguientes pasos:

1. Le declaro mi intención al Espíritu Santo y le digo: quiero procesar esto de Tu mano.

2. Expreso la situación, mi carga, aquello que me han hecho. Lo describo en voz alta. Manifiesto todo lo que sentí sin control, con el mismo sentimiento que lo viví en ese momento. Confieso la verdad de lo que hice. Si fue con respecto a otra persona, pregunto: ¿Me condenaría yo a mí mismo por haber hecho esto? Si fui yo, lo reconozco y lo entrego. Continúo, quiero acordarme de cualquier decisión equivocada para yo revocarla. Reconozco: Padre ya no es esa decisión la que quiero, me equivoqué. Elijo ahora amar a mi hermano y devolverle su valía. "Hemos expresado nuestros resentimientos con gritos tan ensordecedores que no hemos escuchado Su Voz. Hemos utilizado nuestros resentimientos para cubrirnos los ojos y para taparnos los oídos" (L-pI.72.10:11-12).

Todo lo que no sea de Dios, Padre te lo entrego y todo lo que no fue sano, por mí o por otro también, todo vínculo que no sea de Dios también. Lo que cuenta es la intención, decía Rosa María. Yo quiero hacer esto y todo lo que esté a mi alcance para recuperar mi plenitud y ayudar en tu plan.

Recapitular: Anotar todas las cosas dolorosas que me han pasado en los últimos 5 años. Trabajo, relaciones, familiares, pareja, etc. Por intensidad de dolor, traiciones, pérdida del ser amado, el cuerpo. Las intenciones con el ser humano, lo que les hice o me hicieron, hasta que me calme. "Los pensamientos de ataque, por lo tanto, hacen que seas vulnerable en tu propia mente, que es donde se encuentran" (L-pI.26.2:3).

> Nadie puede escapar de las ilusiones a menos que las examine, pues no examinarlas es la manera de protegerlas. No hay necesidad de sentirse amedrentado por ellas, pues no son peligrosas. Estamos listos para examinar más detenidamente el sistema de pensamiento del ego porque juntos disponemos de la lámpara que lo desvanecerá, y puesto que te has dado cuenta de que no lo deseas, debes estar listo para ello. Mantengámonos en calma al hacerlo, pues lo único que estamos haciendo es buscando honestamente la verdad. La "dinámica" del ego será nuestra lección por algún tiempo, pues debemos primero examinarla para poder así ver más allá de ella, ya que le has otorgado realidad. Tranquilamente desvaneceremos juntos este error, y después miraremos más allá de él hacia la verdad (T-11.V.1:1-6).

Al recapitular, hacemos ejercicios de acecho, como dice Don Juan en los libros de Carlos Castañeda, en nuestras vidas. No todos tenemos la intención de buscar en la mente los sucesos difíciles del pasado para trascenderlos. Requerimos de muchas ganas de perdonar y valentía para lograrlo.

> La elección no es entre qué sueños conservar, sino sólo si quieres vivir en sueños o despertar de ellos. De ahí que el milagro no excluya de su benéfica influencia algunos sueños. No puedes quedarte con algunos de ellos y despertar de otros, pues o bien estás dormido o bien despierto. Los sueños que te parecen gratos te retrasarán tanto como aquellos en los que el miedo es evidente. Pues todos los sueños son sueños de miedo, no importa en qué forma parezcan manifestarse. El miedo se ve dentro o afuera, o en ambos sitios. El fino disfraz de placer y alegría en el que tal vez vayan envueltos apenas cubre el grueso bloque de miedo que constituye su médula. Y esto es lo que el milagro percibe, y no las envolturas que lo cubren (T-29.IV.1:5-7; 2:1-3; 3:4-5).

Esta dinámica nos permite mover el punto de encaje al revisar y volver a mirar todos los patrones que se repiten frecuentemente desde aquellos momentos vividos en el pasado que nos han causado dolor y sufrimiento, y en donde hemos perdido la paz. La mirada de estas situaciones nos permite ver nuestras decisiones equivocadas, reconocer los errores que cometimos, hacernos responsables de los mismos, perdonarlos, perdonar, liberar, y dejarlos en las manos de la Expiación del Espíritu Santo, con el propósito de des-hacerlos, abandonar la culpa, dejar de repetirlos y traer de regreso la paz a nuestra mente. La existencia aquí, al ser recapitulada, cambia de enfoque, se torna más fácil y nos convertimos en ayudantes más eficaces en el plan de Dios para la salvación.

Cuando alguna cosa te parezca ser una fuente de miedo, cuando una situación te llene de pavor y haga que tu cuerpo se estremezca y que el frío sudor del terror lo envuelva, recuerda que siempre es por la *misma* razón: el ego ha percibido la situación como un símbolo de miedo, como un signo de pecado y de muerte. Recuerda la santa Presencia de Aquel que se te dio para que fuese la Fuente del juicio. Pon la situación en Sus manos para que Él la juzgue por tí, y di:

Te entrego esto para que lo examines y juzgues por mí. Que no lo vea como un signo de pecado y de muerte, ni que lo use para destruir. Enséñame a no hacer de ello un obstáculo para la paz, sino a dejar que Tú lo uses por mí, para facilitar su llegada (T-19.IV.C.i.11:1,6-10).

En ese desierto también trabajamos la envidia. Es la emoción que más se oculta. Sana mi mente Espíritu Santo. Trae a mi memoria aquello que envidio y no me quiero dar cuenta. Yo quiero aprovechar esto y lo pido en Nombre de Jesucristo.

Punto de encaje. En la repetición del primer módulo, en 2005, para la encerrona, a petición de Rosa María, hicimos una lista escrita no obligatoria, de todas las personas con las cuales tuvimos sexo, nos masturbamos, o nos enamoramos. La relación especial que tenemos con cada una de estas personas aún no ha cumplido su propósito de convertirse en una relación santa, y representa una pérdida de tiempo y un gasto de energía el mantener a algunas de ellas en culpa, aún crucificadas con nuestro enojo y nuestras razones. "¿Quién podría mantener un esfuerzo constante o poner todas sus energías y empeño en metas como éstas?" (L-pI.186.10:3). Con cada persona que nos hemos sentido atraídos sexualmente, emocionalmente o económicamente, hay un impulso milagroso mal canalizado, hay una falta de perdón, y por lo cual nos atrae. Luego procesamos a cada uno en particular con la técnica que usaban las mujeres naguales del Punto de Encaje. Todo con el propósito de liberar a nuestros hermanos y de des-hacer los obstáculos que interpusimos entre Dios y Su Hijo, entre nuestros hermanos y nosotros, y poder alcanzar la verdad. "No te das cuenta de la enorme cantidad de energía que desperdicias negando la verdad" (T-9.I.11:1).

El Hijo dormido:

Contrata a otros cuerpos para que lo protejan y para que coleccionen más cosas sin sentido que él pueda llamar suyas. Busca otros cuerpos especiales que puedan compartir su sueño. A veces sueña que es un conquistador de cuerpos más débiles que él. Pero en algunas fases del sueño, él es el esclavo de otros cuerpos que quieren hacerle sufrir y torturarlo (T-27.VIII.2:4-7).

La mujer nagual se ahorra los 7 años que tarda en salir de su cuerpo la energía de la eyaculación de cada compañero con el que tuvo sexo, cerrando cada ciclo amorosamente con esta técnica relatada por Don Juan, el chamán de los libros de Carlos Castañeda, maestro preferido de Rosa

María. Aunque es un ejercicio para mujeres, nos recomendó a los varones hacerlo también. "Tu pregunta no debería ser: ";Cómo puedo ver a mi hermano sin su cuerpo?", sino, ";Deseo realmente verlo como alguien incapaz de pecar?"" (T-20.VII.9:1-2).

> ¿Qué es la curación sino el acto de despejar todo lo que obstaculiza el Conocimiento? ¿Y de qué otra manera puede uno disipar las ilusiones, excepto examinándolas directamente sin protegerlas? (T-11.V.2:1-2).

Nos sentamos erguidos en una silla, giramos la cabeza de derecha a izquierda con cuidado y tomamos aire por la boca suavemente y luego de regreso de izquierda a derecha, botamos el aire por la boca, y continuamos de nuevo hasta que cese el movimiento. Primero recreamos la situación vivida con cada persona en el pasado, recordando lo bueno y lo malo, los aspectos agradables y desagradables sin excluir a nadie, con posible excitación en algunos casos. Yo hice los ejercicios perdonando, procesando, limpiando y expiando, hasta verlos inocentes y cesara el movimiento de mi cabeza, se centrara y encajara en la espalda a nivel del omoplato. En ese instante se consumaba el perdón, y se comienza con el otro candidato. "Toca a cualquiera de ellos con las dulces manos del perdón y observa cómo desaparecen sus cadenas junto con las tuyas. Ve cómo se despoja del ropaje de luto con el que iba vestido a su propio funeral y óyele reírse de la muerte" (T-19.IV.C.2:5-6). Con muchas personas de la lista yo me quedaba pegado como un ventilador, y otras que parecían más significativas no sucedió mayor cosa.

> La llave que tú tiraste Dios se la dio a tu hermano, cuyas santas manos quieren ofrecértela cuando estés listo para aceptar el plan de Dios para tu salvación en vez del tuyo. ¿Cómo puedes llegar a estar listo, salvo reconociendo toda tu abyecta desdicha y dándote cuenta de que tu plan ha fracasado y de que jamás te aportará ninguna clase de paz o felicidad? Ésta es la desesperación por la que ahora estás pasando, pero no es más que una ilusión de desesperación. La muerte de tu especialismo no es tu muerte, sino tu despertar a la vida eterna. No haces sino emerger de una ilusión de lo que eres a la aceptación de tí mismo tal como Dios te creó (T-24.II.14:1-5).

La técnica nos facilita un cambio de percepción con respecto a cada persona con la cual tuvimos contacto sexual. Rosa María nos pidió que no lo hiciéramos con la pareja de turno.

> Éste es tu hermano, que ha sido crucificado por el pecado y que aguarda para ser liberado del dolor. ¿No le concederías tu perdón, cuando él es el único que te lo puede conceder a tí? Liberas al que perdonas, y participas de lo que das. Perdona los pecados que tu hermano cree haber cometido, así como toda la culpa que crees ver en él (T-19.IV.D.i.15:1-2,9-10).

Para el segundo módulo, en el 2006, propuso trabajar 6 temas para escribirlos y trabajarlos:

1. Situaciones en que no me siento reconocido y halagado. Soberbia, orgullo, ira, venganza, rabia. "Luego cierra los ojos y busca con minuciosidad en tu mente aquellas situaciones pasadas, presentes o previstas que susciten ira en tí" (L-pI.21.2:2).

2. Revisar contra quién siento rabia.

3. Quiénes son mis rivales. Con quién compito y en qué situaciones. Qué actitud reflejo con la competencia (celos). Dónde me siento más y dónde menos. Dónde me siento mayor que otro. A quién minimizo.

4. A qué le temo.

5. Mis actitudes automáticas. A qué le digo que sí. A qué le digo que no. Lo que rige mi vida.

6. Tengo que manifestar mi agradecimiento. A quién le estoy agradecido. Quién confió en mí.

Las alas. En la repetición del segundo módulo, en el 2008, cambiaron los temas, además de que nos regaló para entrar al desierto dos alas gigantes con plumas, para que arrodillados luego de la purificación nos las pusiéramos y experimentáramos la santidad. Allí trabajamos:

1. Sacar la humillación que hayamos sentido. En la compañía del Espíritu Santo y en voz alta preguntar: ¿Me condenaría yo a mí mismo si fuera a la inversa? Decía Rosa María que las humillaciones se quedan como una espina con aquel que nos humilló a manera de culpa.

2. Algo de lo que me sienta inmensamente culpable o avergonzado. Cosas de las que no quiero que nadie se entere.

3. Buscar las mentiras.

4. Dolor y traición. Procesar el dolor. Reconocerle al Padre lo que me duele. Dejar que me duela y que regrese la emoción. Manifestar: ¡no quiero esto en mi mente! ¡Esto no me hace feliz! ¡Cancelo mi decisión equivocada! ¡Es que yo quiero ser feliz! "El problema es un resentimiento; la solución, un milagro" (L-pI.90.1:5).

Presento a continuación tres de las dinámicas de recogimiento que propuso Rosa María Wynn en sus tres módulos en la Formación de Maestros de Dios, presentados por Aurora Fellowship de quien era la Presidenta. "La curación es libertad. Pues demuestra que los sueños no prevalecerán contra la verdad. La curación es algo que se comparte" (L-pI.137.8.1:3).

Primer Módulo de la Formación de Maestros. Los Teques estado Miranda, Venezuela, 2004 y 2005. Islas Canarias, España, 2007. Arbúcies, Gerona, España, 2007.

Oración para la primera noche: (Arrodillado)

Haz la oración que sigue de todo corazón. Siente que te rindes ante Dios, y que nada puede detenerte. Es tu deseo sanar y Dios te da todo Su Amor y apoyo para que lo logres. Tienes también el mío, así como todo mi amor.

Firmado de puño y letra: Rosa María.

"Padre amado, soy _____ y reconozco que no sé nada, que todos los planes que he hecho por mi cuenta han fallado, y que todas las cosas que procure alcanzar me dejaron vacío y desilusionado.

Quiero conocer sólo Tu plan para mi salvación, y aprender Tus lecciones, pues sólo Tú conoces el camino de regreso a Tí.

Sabes lo que está en mi corazón, lo que anhelo por sobre todas las cosas. Dame la fortaleza para dejar atrás lo que me hace sufrir y aceptar únicamente lo que me trae paz y dicha. Quiero saberlo directamente del Espíritu Santo. No quiero oír ninguna otra voz que la Suya.

Háblame Padre. Soy Tu hijo/a, y confío en Tu Palabra de que solo con dirigirme a Tí, vendrás en mi ayuda. Quiero sanar mi mente, y todo aquello que me retiene en el mundo que Tú no creaste. Si existe algo que me esté causando dolor ya sea por culpa propia, o por culpar a otro, revélamelo, para poder entregárselo al Espíritu Santo y así quede corregido para siempre. Quiero el mundo real. Esta es mi voluntad y mi deseo. Gracias, Padre. Amén"

Oración de cierre de la dinámica de recogimiento: (Arrodillado)

"Padre amado, aquí estoy, dispuesto/a a rendirme ante Tí, a entregarte mi vida, mi mente y mi cuerpo para que sólo sirvan para Tus propósitos.

Quiero rendirme de todo corazón a Tu Amor, y a Tus enseñanzas y aprender las lecciones que Tú quieres que aprenda a través del Espíritu Santo. Y hacer todo lo que está a mi alcance para que el mundo real se haga manifiesto.

Dime, Padre, ¿Qué quieres que haga con respecto a _____? ¿Y con respecto a _____?"

Luego siéntate en profundo silencio, sin tensión alguna, ábrete al Espíritu Santo. Él te hablará y dirá exactamente lo que tienes que hacer. Permanece en callada meditación, y deja que Su Amor, Su Gracia, Su Grandeza, te envuelvan. Esa es Su santa Voluntad, y es también la tuya. Si vienen pensamientos a distraerte, déjalos ir. Afirma y reafirma tu deseo de escuchar, y de que Él te envuelva completamente. Cuando hayas escuchado, di en voz alta y nuevamente arrodillado:

"Gracias Padre amado, por haberme creado, por haberme dado la conciencia y la capacidad de poder conocerme a mí mismo/a, y a Tí, mi Creador. Alabado sea Tu santo Nombre eternamente. Alabado sea Jesucristo, y alabado sea el Espíritu Santo. No tengo palabras para expresar todo lo que mi corazón está sintiendo, pero sé que Tu que siempre estás conmigo lo sabes. Me rindo ante Tí, y te entrego mi vida entera, mi mente, mi cuerpo. Quiero hacer sólo lo que Te complace, y servir en Tu plan de salvación para toda la humanidad. Quiero elegir siempre la grandeza, y no dejarme engañar por la pequeñez. Y declarar, junto con Jesús, con Quien me uno, que solo soy anfitrión Tuyo y de nada más. Amén."

Esta oración hay que hacerla una vez listo para dar comienzo a tu "desierto", y leerla en voz alta, de rodillas.

PADRE AMADO

Comienzo este espacio de recogimiento con el deseo genuino de buscar dentro de mí los obstáculos que yo mismo(a) he puesto en el camino de retorno a Tí.

Quiero ver qué es lo que es más importante para mí que Tu Amor. Qué es más importante que la paz. Qué es más importante que amar a Tu Hijo en todos mis hermanos.

Quiero dejar atrás la arrogancia, la soberbia, el deseo de ser especial, el deseo de atacar, el deseo de culpar a los demás, de ver culpa en ellos, y el empeño de tener la razón. Quiero igualmente dejar atrás todo pensamiento de debilidad, de insuficiencia, de no valer, y el hábito de compararme con los demás. Quiero saber que no soy más que nadie, pero tampoco menos.

De corazón pido que este tiempo que he acordado dedicar a mirar dentro de mi sea de máximo provecho. Que lo que aquí gane se quede conmigo para siempre, y que asimismo sea de ayuda para toda la humanidad.

En el Nombre de Cristo, Amén.

Oración de cierre de la dinámica de recogimiento.

PADRE AMADO (DE RODILLAS)

Me doy cuenta de que aún no me he entregado del todo, que aún no tengo a la paz como mi único objetivo, como mi única meta. Aún me enredo con ilusiones, creyendo que me pueden satisfacer. Quiero que mi buena voluntad para hacer sólo Tu Voluntad sea cada vez mayor. Que comprenda que sólo haciendo lo que Tú quieres que haga voy a ser feliz. Y quiero ser feliz, quiero estar en paz, quiero la dicha que Tú has dispuesto que todos tengamos.

Perdona mi demora, perdona que aún quiera ser especial y ser amado(a) de una manera especial, y no como Tú estableciste que el AMOR fuese. Perdona que aún busco mi felicidad por mi cuenta, cuando tan fácilmente podría dirigirme a Tí para encontrarla.

Te entrego mis resistencias. Te devuelvo mi mente. Renuncio a lo que he creído querer, pensando que me iba a traer la felicidad que anhelo. Te entrego mi vida. Guíame, Padre, por el camino que me lleva de regreso a Tus Amorosos Brazos, allí donde únicamente soy feliz, allí donde únicamente estoy a salvo, y allí donde únicamente estoy en paz.

En el Nombre de Cristo. Amén

Al inicio del desierto, y de rodillas si te sientes inclinado a ello, di:

"Padre amado, soy _____, y doy comienzo a este recogimiento voluntario poniéndome en Tus Manos y confiando en Tí".

Luego, una vez estés listo, haz la siguiente declaración, seguida del ejercicio que la acompaña, que igualmente harás mañana.

"Espíritu Santo, quiero aprender que todo el dolor que sufrí en el pasado fue una ilusión. Pero la culpa por todo aquello que he pensado, dicho o hecho, que Dios no hubiera pensado, dicho o hecho, mantiene vivo al pasado en mi mente y me hace sufrir. Estoy dispuesto/a a permitir que todo lo que he ocultado salga a la superficie para poder entregártelo y así de ese modo puedas cancelar todas sus consecuencias. Igualmente, quiero sanar cualquier cosa que haya hecho de lo que me avergüenzo y oculto, y también mentiras que he dicho e incluso sostenido por años. Quiero asimismo dejar atrás todos los vicios y excesos de todo tipo que sé que me hacen daño".

El primer paso en el proceso de des-hacimiento de todo lo que quieres procesar es que reconozcas que en cada caso decidiste hacer lo que hiciste a sabiendas. Sin este reconocimiento, caerás en el típico arrepentimiento que no lleva al cambio de mentalidad que procuramos. Con esta claridad, pregúntate a ti mismo: ¿De qué me siento culpable?

Entonces esperas en silencio la Respuesta que por lo general es casi inmediata. Es posible que la respuesta a la pregunta sea algo por lo que no sientes culpa, pero si te llegó, absolutamente hay algo ahí que hay que procesar. Es posible que durante las 24 horas y pico de este "desierto" no llegues a descubrir la culpa, pero puedes comprometerte con el Espíritu a seguir pidiendo encontrarla el tiempo que sea necesario hasta que finalmente emerja y puedas entonces procesarla con Él, diciendo la verdad de lo que sea que hayas hecho que provocó la culpa, reconociendo en primer lugar que actuaste a sabiendas.

Mas si por el contrario cuando te llega la Respuesta y de inmediato reconoces la culpa que está ahí y lo que hiciste que Dios no hubiera hecho que la provocó, instruye entonces tu pensamiento a que retorne al punto en que se cometió el error y allí se lo entregas a la Expiación en paz. Si en algún momento te invade el deseo de llorar y un profundo arrepentimiento, deja que las lágrimas broten mientras hablas con el Espíritu Santo sobre lo sucedido, usando las palabras que te salgan del corazón. Una vez que estos sentimientos hayan amainado, nuevamente intenta reconocer que decidiste hacer lo que hiciste a sabiendas, y le dices al Espíritu que te dejaste engañar por el ego porque querías dejarte engañar. Todo esto permitirá que no sucumbas al falso arrepentimiento, el cual no puede revocar la decisión errada. El verdadero arrepentimiento nace del reconocimiento de que actuaste por debajo de tu verdad y que sabías exactamente lo que estabas haciendo. Esto lleva al cambio de mentalidad que te permitirá tomar la decisión de que nunca más vas a volver a hacer lo que hiciste, aunque la tentación de hacerlo se presente.

Una vez que le has entregado el error a la Expiación en paz, sin culpa, permanece en silencio hasta que sientas algo envolverte. Esa es la Expiación y ahí sabrás que has sido perdonado.

Si no te llega ninguna respuesta a la pregunta inicial, permanece recogido y mantén la intención de querer encontrar situaciones en tu vida en las que sabes que no actuaste desde el amor, y por consiguiente, actuaste por debajo de tu verdad, y luego sigue el procedimiento descrito arriba.

Lo que queremos es sacar a la superficie cualquier cosa que hayas ocultado del Espíritu y de tí mismo. La culpa que no se ha sanado seguirá siendo la fuente de las interpretaciones erróneas que haces de cosas que pasan en tu vida para de ese modo "expiar" y así pagar con dolor por lo que el mismo ego te instó a hacer y que ahora usa para hacerte sufrir. Ese es el plan de expiación del ego, no el plan de Expiación del Espíritu Santo.

Y si hay alguna persona en tu vida a quien ves como la causante de algo que te ha hecho "sufrir", lo primero que tienes que hacer es asumir responsabilidad por lo sucedido, por tus reacciones y sentimientos al respecto y pedir ver la situación con los ojos del Espíritu Santo, ofreciéndole la pequeña dosis de buena voluntad que Él necesita para hacer una reinterpretación del incidente. Y el perdón se dará.

Finaliza dándole las gracias al Padre.

Rosa María Wynn

Oración de cierre de la dinámica de recogimiento.

"Padre amado, he visto que todavía me entretengo con cosas ilusorias que no me dan nada y que realmente ni necesito ni me hacen feliz; que todavía no tengo a la paz como mi única meta y que me engaño pensando que otras cosas me pueden ofrecer lo que únicamente la paz puede dar. Padre, quiero aceptar la dirección de Tu Voz con respecto a todo en mi vida, y saber que sólo eso me brindará la paz".

Dime, Padre, ¿cómo debo proceder con respecto a (nombra persona o situación)?

Permanece luego en una quieta espera hasta que sientas que se te ha contestado. Si no te llega nada, dile al Padre que lo que quieres es que cuando finalmente te llegue la Respuesta, la reconozcas como la que procede de Él. Y lo sabrás porque toda Respuesta Suya viene acompañada de paz.

Luego de unos minutos, ponte de pie, abre tus brazos y en voz alta comienza a hablar con Dios. Dile todo lo que sientas decirle desde tu corazón, usando tus propias palabras. Háblale como si estuviera ahí contigo, pues en efecto, lo está. Él te escuchará, y le hará tan feliz que te dirijas a Él, pues ha estado esperando por este momento.

Siéntate y sumérgete en un profundo silencio y déjate envolver en Su Presencia, sabiéndote Su Hijo/a. Siente todo el amor que te profesa, así como el que tú le profesas a Él. Permanece así un rato…

Y cuando notes que comienza a anochecer, báñate y vístete con la ropa que se te pidió traer. Luego espera hasta que oigas una campana que indicará que ya es hora de salir de la habitación. Cúbrete la cabeza con el chal (o con la gorra blanca) y dirígete —en absoluto silencio, sosteniendo el estado de recogimiento y sin hacer ningún tipo de contacto visual con nadie o saludar— a la sala donde nos reunimos. Allí te estaré esperando.

Rosa María Wynn

III. Desiertos de Recogimiento con Ignacio González Campos

Dedica hoy tus sesiones de práctica a escudriñar minuciosamente tu mente a fin de descubrir los sueños que todavía anhelas. ¿Qué es lo que realmente deseas de corazón? Olvídate de las palabras que empleas al hacer tus peticiones. Considera solamente lo que crees que te brindará consuelo y felicidad. Pero no te desalientes por razón de las ilusiones que aún perduran, pues la forma que éstas adoptan no es lo que importa ahora. No dejes que algunos sueños te resulten más aceptables, mientras que te avergüenzas de otros y los ocultas. Todos son lo mismo. Y puesto que todos son el mismo, debes hacerte la siguiente pregunta con respecto a cada uno de ellos: "¿Es esto lo que deseo en lugar del Cielo y de la paz de Dios?" (L-pI.185.8:1-8).

2014. Desierto de recogimiento. Deudas. Jabón. Estado Lara. Venezuela.

Querido(a) hermano(a), me ha venido trabajar en este desierto de Jabón 2014, en una profunda limpieza interior, de todo aquello que tú sabes te trae culpa, para que lo proceses con el Espíritu Santo, así como cualquier cosa que te avergüence o por lo que te sientes humillado.

Iniciarás haciendo una lista escrita de todas las deudas económicas, ofrecimientos, promesas, juramentos, visitas, regalos, que aún debes. Luego harás la lista de lo que te deben. Sigue con el listado de todo lo que has deseado a las personas que te deben y luego, todo lo que has deseado a las que te cobran lo que les debes. Continúa con las veces que te han robado y lo que has robado. Muy importante enumerar aquello que has deseado a los que crees que te han ocasionado dichas pérdidas o a los que se las ocasionaron a otros. Cómo los perseguiste, amenazaste, encontraste, todo lo que les deseaste. Asumirás la responsabilidad en cada caso. No eres ni has sido víctima de nada ni de nadie, pero en cada caso has pedido un trato igual para tí o para tus seres queridos. Cada caso trajo un milagro a tu vida y éste es el momento de recibirlo. Hazlo de la mano del Espíritu Santo. Pero para que una entrega de culpa sea eficaz es menester que se reconozca que sea lo que sea que provoca la culpa, hay que entender que lo hiciste a sabiendas. Sin este reconocimiento, el ego tendrá terreno fértil donde volver.... Lo más duro es reconocer que has hecho cosas que violan la Regla de Oro, a sabiendas... Lo importante es que te animes a que buscar todo aquello que hayas ocultado, que típicamente son "actos que no nacieron del amor" y que el ego se encarga de que "pagues" con sufrimiento por el terrible "pecado". Aunque esto suena sencillo, ahí está todo. Recuerda que no sufres por nada que hayas hecho realmente, sino por lo que has hecho a otros. Aunque pareciera que estaba justificado el ataque.

Luego de esta parte, y habiendo entregado todo a la Expiación del Espíritu Santo según el instructivo, intentarás de la mano de Dios toda la noche y todo el día, permitirle que traiga a tu conciencia todos los resentimientos que aún guardas del pasado hacia otras personas, situaciones o cosas. Di: "Padre amado, estoy dispuesto de todo corazón a que te metas en mi mente y busques todos mis resentimientos ocultos, mis decisiones equivocadas, que permanecen olvidados en mi memoria y aún están vigentes sus consecuencias", "quiero ver qué es lo que es más importante para mí que Tu Amor", "qué es más importante que la paz", "qué es más importante para mí, que amar a Tu Hijo en todos mis hermanos". Muestra tu disposición a recordar, a reconocer, a responsabilizarte y a perdonar lo que sea, no importa qué. Que no quede nada oculto de Él. Toma la mano de Jesucristo. Tendrás todo el éxito, pues has escuchado el llamado. Continúa con la entrega de cada resentimiento a la Expiación del Espíritu Santo para que lo subsane y lo deje sin efectos. Manifiesta, desde tu soberanía, tu disposición a sanar cada situación.

Al final de la jornada le entregarás al Espíritu Santo todo lo que has aprendido en el camino espiritual y crecimiento personal que hayas recorrido, para que el Espíritu Santo te indique si eso que has aprendido "es cierto", parcialmente cierto, o no es cierto en absoluto.

Con mi amor y mi bendición. Ignacio

2015. Desierto de recogimiento. Odio. Agua Viva. Estado Lara. Venezuela.

Querido(a) hermano(a), me ha venido trabajar en este desierto de Agua Viva 2015, en una profunda limpieza interior, con todo aquello que tú sabes te trae miedo, para que lo proceses con el Espíritu Santo, así como cualquier cosa que te cause odio u odies de tí mismo. Además de todo el daño que puedes haber causado a otro con brujería, santería o hechicería.

Iniciarás haciendo una lista escrita de todas las cosas que odias de los demás, lo que les hiciste, los medios que usaste, tu deseo de poseerlo, lo que te estorba, lo que no toleras, tus razones para matar, cómo castigas, y a quiénes, y luego lo que odias de tí mismo, aquello que no quieres que nadie sepa de tí, que está oculto, que representa tus pecados, tu culpa y tu vergüenza. Luego mirarás de la mano de Jesucristo tu propio odio. Vamos a examinar la relación de odio especial que tienes con tus seres amados y la relación de amor especial de la cual te vales para contrarrestar al odio. Revisa y escribe cómo es que te comportas con amabilidad para ocultar tu propio odio. Qué ocultas con tanto amor o con esa manera de amar. Asumirás la responsabilidad en cada caso. Experimentarás lo que está más allá del odio. El verdadero significado del amor. Pero para que una entrega de odio y culpa sea eficaz, es menester que reconozcas que sea lo que sea que provoca el odio y la culpa, hay que entender que lo hiciste a sabiendas. Sin este reconocimiento, el ego tendrá terreno fértil donde volver…. Lo más duro es reconocer que hemos hecho cosas que violan la Regla de Oro, a sabiendas… Lo importante es que te animes a que buscar todo aquello que hayas ocultado, que típicamente son "actos que no nacieron del amor" y que el ego se encarga de que tú "pagues" con sufrimiento por el terrible "pecado". Aunque esto suena sencillo, ahí está todo. Recuerda que no sufres por nada que te hayan hecho realmente, sino por lo que le has hecho a otros. Aunque pareciera que estaba justificado tu ataque.

Luego de esta parte, y ya entregada a la Expiación del Espíritu Santo según el instructivo, harás la lista escrita de todo aquello a que le tienes miedo. A personas, enfermedades, ruinas, situaciones o cosas. Incluyendo lo que ya crees que te acontecerá en el futuro a tí y a los demás, para lo cual estás cuidándolos y tomando previsiones. Intentarás confesarle, como un acto de constricción a Dios Tu Padre, por la noche o por el día, todo aquello que te atemoriza, sabiendo que ni Él ni Jesucristo pueden eliminar el miedo, pues fue tu elección. Pide en cada caso, que traiga a tu conciencia el origen de cada miedo. Di: "Padre amado, estoy dispuesto de todo corazón a acceder en mi mente, a la fuente oculta de mis miedos, que permanecen olvidados en mi memoria y aún está en vigor su consecuencia", "quiero ver a qué le temo". Muestra tu disposición a recordar, a reconocer, a responsabilizarte y a perdonar lo que sea, no importa qué. Que no quede nada oculto de Él. Toma la mano de Jesucristo. Tendrás todo el éxito, pues has escuchado el llamado. Continúa con la entrega de la causa de cada miedo a la Expiación del Espíritu Santo para que lo deshaga y lo deje sin efectos. Manifiesta desde tu soberanía, la disposición a sanar cada situación.

Con mi amor y mi bendición. Ignacio.

2016. Desierto de recogimiento. Especialismo. Casa Nazaret. El Jarillo. Estado Miranda. Venezuela.

Querido(a) hermano(a), cuando estés en tu habitación listo para comenzar tu retiro interior, de rodillas si es lo que te hace más feliz, di: "Padre amado, soy Tu hijo(a) _____, poniéndome en tus amorosos brazos para iniciar este recogimiento voluntario, confiado plenamente de Ti, en que toda la Gloria de lo que procese aquí es para Ti, y todos los beneficios que consiga sirvan para la salvación del mundo y Tu plan.

Luego harás este reconocimiento: Espíritu Santo, deseo reconocer que no soy feliz, que me he creído alguien especial, distinto de los demás, que me he comparado, que eso me ha mantenido alejado de mi paz interior y de la santidad de mi hermano que es mi verdadero propósito aquí en este mundo. Reconozco que mi importancia personal es mucha, que me ofendo, que culpo, que me he percibido como si constantemente se me ataca, se me ofende y crucifica; que tengo que defenderme de los demás con separación, venganza y contraataque; que he creído que esa actitud no tiene consecuencias en mí ni en los demás. Estoy dispuesto, Padre amado, a dejar a un lado toda importancia personal, pero necesito Tu fortaleza para querer llegar al fondo de lo que te mantengo oculto, de aquello que aún me mantiene sintiéndome culpable, de aquello que no es Tu Voluntad que permanezca en mi mente. Padre amado, quiero saber de qué me siento culpable. Guíame Tu Espíritu Santo. Guíame Tu......

Luego harás una lista escrita de todas las cosas que recuerdas fácilmente y que están inmediatas en la memoria, referentes a las veces que te has comportado orgulloso y arrogante, que te has creído más que otro, que le echaste en cara a otro tus logros, belleza, inteligencia y riqueza. También las veces que te has sentido inferior y has culpado a otro de tu creencia de que es superior a tí. Reconoce lo que has envidiado, y aquello que crees que se te ha envidiado a tí. Haz la lista de aquello que tienen que hacer los demás por tí, que te hace sentir especial, aquello que exiges de los otros, y lo que tú haces de especial para que los demás te hagan creer que eres amado por eso y por lo cual ellos deberían pagarte un precio.

Cuando no salga nada más, pídele al Espíritu Santo que busque en tu mente y halle lo que está encriptado en el fondo, aquello que por tus propios medios no ves. Pregúntale: ¿Qué es lo que hay en mí, que me hace especial y que yo no reconozco? ¿Qué creo que me falta o de qué carezco que sólo el amor especial me lo puede proveer? ¿Qué cosas tienen que suceder para que yo me sienta amado especialmente? ¿Qué es lo que tiene el otro que yo no tengo y deseo poseer o robárselo? ¿Cuál es mi amargo resentimiento? ¿Cuál es la culpa que tengo que solo un amor especial la aliviaría? ¿Qué envidio yo?

En cada situación que venga a tu mente, asumirás la responsabilidad de lo que consigas, reconoce que te equivocaste, que quisiste dejarte engañar por tu importancia personal, y en paz déjalo en las manos de la Expiación del Espíritu Santo para que lo expíe por tí. Sigue el instructivo.

Con mi amor y mi bendición. Ignacio

2017. Desierto de recogimiento. El Personaje. Casa Nazaret. El Jarillo. Estado Miranda. Venezuela.

Santo(a) hermano(a), quiero que sientas y experimentes que Yo te acompañaré durante este encierro voluntario. No estás solo. Se te acompañará en cada momento y se te brindará la asistencia que necesites, pues nuestras mentes están unidas y estaremos orando por tí, para que tu trabajo de retrospección sea genuino y amoroso, tómate de mí mano y únete a Mi mente, que juntos transitaremos en tu memoria y buscaremos aquellos momentos donde tomaste decisiones equivocadas y no amorosas. El sólo hecho de que estés aquí es un indicativo de tu pequeña dosis de buena voluntad y de que ya estás listo para algo grande y para servir al plan de Dios para la Salvación.

Sé lo que te aqueja, pero requiero que lo aceptes y que te vacíes, reconoce todo ante Dios, lo que ocultas, lo que temes, todo. Ese es el pequeño regalo que te pido. Muéstrate tal cual crees que eres y describe tu personaje, el que fabricaste para afrontar este mundo, escríbelo si te hace feliz, la forma de tu cuerpo, tus logros, tus defectos y virtudes, tus relaciones, gustos, lo bueno y lo malo de tí, pero que sea todo. Vacíate. Sigue con aquello de lo que te enorgulleces y te hace diferente de los demás y de aquello que te avergüenza decir de tí mismo pero que asocias con tu identidad. Lo quiero todo, ese es el único regalo que te pido. Todo tu sentir, tu queja, tu herida, muéstramela, tus fracasos, los económicos, los sentimentales. Todo. Grita si es necesario, llora o arrástrate, no te dé miedo, tienes formidables ayudantes. Dios tu Padre no se ofende por lo que muestres. Y si te sientes culpable de algo reconócelo, déjalo en mis manos, que yo te amo y te llevaré hasta donde puedas experimentar mi presencia y mi eterno e infinito amor por tí. Yo te amo y te quiero de vuelta al Reino. Yo lo logré y sé que tú puedes, para eso estoy aquí.

Jesús.

2017. Orar por otros. Los Teques. Estado Miranda. Venezuela.

Querido hermano(a) te toca un oficio que acelerará tu proceso definitivamente y para siempre. Es orar por otro. Es el medio para eliminar la culpa que has proyectado sobre tu hermano y poder reconocer que no es él quien te está haciendo daño. Puesto que ya estableciste una relación santa con tu alumno-paciente, y es menester que te dediques a él desde tu desierto, mientras esté en el suyo, uniéndote a su mente y a la Mía. Desde aquí limpiarás tu mente, logrando una verdadera purificación, limpiando todo recuerdo, todo juicio, todo parecer que hayas hecho de tu hermano mientras se conocieron. Él te habrá contado de sus penurias, enfermedades y problemas en los días previos al desierto, y tú ejercerás el oficio de ayudarlo a distancia recordando a Dios por él. Yo te asistiré en el proceso de su curación y de la tuya, tu reconocerás desde tu habitación su valía, experimentarás el gran amor que emana de sentirse útil a los demás y de perdonar. Requiero que vivas esa experiencia, que la conozcas, que Me conozcas, que pierdas el miedo a no poder, a no saber qué hacer. Tú eres un obrador de milagros y para eso es que estás aquí, para entrenar tu mente y recordar quién eres a medida que salvas a los otros de tus propios juicios. No es en vano el que se te haya asignado ese hermano(a). Aprovecharás de hacer tu trabajo y de orar por otros hermanos que a través de éste vengan a tu mente, pero que te serán enviados. Harás una lista de tus enemigos para hacer el trabajo con cada uno de ellos.

Jesús.

2018. Desierto de recogimiento. El Cuerpo. Casa Nazaret. El Jarillo. Estado Miranda. Venezuela.

Amado hermanito y hermanita mía. Estás aquí en el amor de Dios, acompañado por todos los ángeles del Cielo para tu labor de perdonar y limpiar todo aquello que no le pertenece a tu santa mente. Te amo y quiero que en este desierto voluntario experimentes ese amor infinito que siento yo por tí y siente tu Padre por tí. Quiero que tu experiencia sea sólo de amor, unidad y paz. Eso es mi Voluntad para tí y sé que es también la tuya. Trabajaremos en esta oportunidad con el cuerpo, santo(a) Hijo(a) de Dios.

Se requiere de tí, reconocer y hacerte responsable ante Dios, si te es posible arrodillado, todo el daño que le has hecho a tu cuerpo, el mal uso que le has dado, los beneficios que has pretendido obtener de él, todo aquello que te venga a la mente que implique abuso sobre él mismo; hazte responsable de cada momento en que usaste al cuerpo para atacar y ejecutar tu venganza, para someter a otros cuerpos, para coleccionar cuerpos, para matar o matarlo, todo el maltrato a que lo has sometido. Vacía tu mente de todo lo que recuerdes desde que tenías uso de razón hasta hoy, que no fue amoroso. Piensa en las veces que lo despreciaste y odiaste porque no cumplió con la función que le asignaste; piensa en las veces que lo usaste como canal del demonio, para generar maldad o para atemorizar a otros o verte con más poder que los demás; piensa en las veces que lo atiborraste de comida, cigarros, drogas o alcohol, y lo usaste para vengarte de él mismo o para vengarte de tus padres o de Dios;

piensa en las veces que lo ofreciste a otros para que lo maltrataran sexualmente o lo avergonzaran y las veces que lo usaste para someter y abusar a otros; piensa en todas las dietas y cambios en que lo has involucrado con tal de satisfacer al ego y tu importancia personal; todo lo que esperas de él; reconoce cómo lo has convertido en un ídolo de barro; también reconoce tus miedos a que te abandone y muera, a que enferme, a que envejezca; enumera las enfermedades que crees que le van a suceder y cómo crees que morirá.

Sé lo que te aqueja, pero requiero que lo aceptes y que te vacíes, reconoce todo tu amargo resentimiento con tu cuerpo ante Dios, lo que ocultas, lo que temes, todo. Ese es el pequeño regalo que te pido. Muéstrate tal cual crees que eres y describe tu personaje corporal, el que fabricaste para afrontar este mundo, escríbelo si te hace feliz, la forma de tu cuerpo, sus logros, sus defectos y virtudes, sus relaciones, gustos, lo bueno y lo malo de tu cuerpo, pero que sea todo. Vacíate. Sigue con aquello de lo que te enorgulleces y te hace diferente de los demás y de aquello que te avergüenza decir de tu cuerpo pero que asocias con tu identidad. Lo quiero todo, ese es el único regalo que te pido. Todo tu sentir, tu queja, tu herida muéstramela, tus fracasos, los económicos, los sentimentales. Todo; grita si es necesario, llora o arrástrate, no te dé miedo, tienes formidables ayudantes, Dios tu Padre no se ofende por lo que muestres. Y si te sientes culpable de algo reconócelo, déjalo en Mis manos, que Yo te amo y te llevaré hasta donde puedas experimentar Mi presencia y Mi eterno e infinito amor por tí. Yo te amo y te quiero de vuelta al Reino. Yo lo logré y sé que tú puedes, para eso estoy aquí. Estamos buscando trascender tu identificación corporal. Recuerda que no eres un cuerpo, eres libre.

Al concluir reconoce: Me equivoqué, le di un uso incorrecto a mi cuerpo, lo usé como instrumento de separación y de ataque......... Sigue el instructivo.

Luego: Quiero Espíritu Santo que busques y encuentres en mi memoria, aquello que tengo guardado que no fue amoroso y que aún no he querido reconocer referente al mal uso de este cuerpo, toda la culpa que aún conservo referente a mi relación con mi cuerpo. Sigue el instructivo.

Pido perdón y perdono al cuerpo por todas las inexorables órdenes a que lo sometí.

A la Expiación…

Al final: Te pido Espíritu Santo que me indiques cómo debo comer, cómo ejercitar a mi cuerpo, cómo proceder con respecto a este cuerpo en todos los sentidos de la manera que funcione para mí. Dame las señales. Te ofrezco mi cuerpo como instrumento para Tu plan de Expiación. Usa mis manos, mis pies, mi voz, mis oídos, todo lo que le pertenece a este cuerpo.

Jesús.

2019. Desierto de recogimiento. Antepasados. Casa de Retiros Jesuitas de México. Mérida. Yucatán.

Plegaria Inicial: Padre amado, gracias por esta oportunidad de rendirme a Tu Amor, a Tu compasión, a Tu abrazo eterno. Vengo a Tí rendido, dispuesto en este retiro voluntario a trabajar en mi mente, en mi memoria; a permitir que Jesucristo se haga cargo de mí, de mi mente, de mis errores, de mis culpas, de mis aparentes pecados, de mis decisiones equivocadas. En esta oportunidad estoy dispuesto, Sí Padre. Sí Padre, Sí Padre, estoy dispuesto. Gracias Padre. Espíritu Santo, te ofrezco el instante santo.

Estoy aquí con el propósito de perdonar, no importa qué, con el firme propósito de encontrar mi verdad y la de mis hermanos, con el perfecto propósito de la paz. Estoy dispuesto ya.

Los Antepasados

Quiero acceder Padre amado a todo aquello que estés en disposición de mostrarme, que aún se encuentra guardado en mi memoria, referente a cualquiera de mis antepasados, familiares y allegados, sus víctimas, sus victimarios, sus enfermedades; a cualquier situación política, social o de calamidad que ocurrió en el pasado. Elijo permitir que El Espíritu Santo busque y halle en mi memoria, en mi mente, cualquier identificación que yo haya hecho con algunas personas o situaciones de las que me antecedieron. Si he querido llevar la culpa de un antepasado, lo quiero saber; si he elegido hacer justicia por alguno de ellos, deseo reconocerlo. En mi experiencia existen cosas Padre amado que no tolero de este mundo, me duele en el alma y en mi corazón lo que veo, me frustro al no poder ayudar y no poder arreglar las cosas de este mundo y de mi país, me he esforzado en alcanzar cambios que me parecen necesarios y he fracasado, creo que he estado empeñado en lograr la felicidad mía y la de los demás por mi propia cuenta. Me he sentido amarrado, atado, impotente, sin fuerza para enfrentar este mundo, lleno de ira, de rabia y ganas de matar, pero tengo que haberme equivocado. He estado entretenido cambiando al mundo y no lo logré, pareciera que viviera o repitiera la historia de otros y estoy firmemente decidido a saber de quién o de quiénes se trata. Reconozco que tengo la oferta que me hizo Jesucristo, de que el Espíritu Santo podrá dejar sin efectos y sin consecuencias aquello que los que nos antecedieron entendieron mal.

Jesús te dice: Sé lo que te aqueja, pero requiero que lo aceptes y que te vacíes, reconoce todo tu amargo resentimiento con el mundo ante Dios, lo que ocultas, lo que temes, tus ganas de matar, tu ira, tu odio, todo. Ese es el pequeño regalo que te pido. Muéstrate tal cual crees que es el mundo contigo, permítete sacar la víctima que llevas por dentro. Lo quiero todo, ese es el único regalo que te pido. Todo tu sentir, tu queja, tu herida muéstramela, tus fracasos, los económicos, los sentimentales. Todo; grita si es necesario, llora o arrástrate, no te dé miedo, tienes formidables ayudantes, Dios tu Padre no se ofende por lo que muestres. Y si te sientes culpable o culpas a otro o a Dios de algo, reconócelo, déjalo en Mis manos, que yo te amo y te llevaré hasta donde puedas experimentar Mi presencia y Mi eterno e infinito amor por tí. Yo te amo y te quiero de vuelta al Reino. Yo lo logré y sé que tú puedes, para eso estoy aquí. Estamos buscando trascender tu identificación con el ego. Recuerda que no eres un cuerpo, eres libre. Se te han dado todos los medios.

Luego di: Quiero Espíritu Santo que busques y halles en mi memoria, todo aquello que guardé en ella referente a algunos de mis antepasados que no fue amoroso, que aún no he querido reconocer, toda la culpa que aún conservo en mi relación con mis antepasados y la culpa que les hemos echado mi familia y yo a otros toda la vida; todo aquello que creí que me hicieron a mí o a mi familia o al país…. Sigue el instructivo.

Al concluir reconoce: Me equivoqué, le di un uso incorrecto a mis antecesores, al mundo, lo usé como instrumento de separación y de ataque, como nuestros victimarios, irrespeté su destino, quise interferir y éstas son las consecuencias, el precio que he pagado y pagó mi familia ha sido muy alto. Sigue el instructivo.

Pido perdón y perdono a cada persona que me fue enviada a la conciencia, también pido perdón de parte de mis antecesores, a los excluidos y los que nos excluyeron, le reconozco a cada uno que pertenece y forma parte de mi familia, que al menos yo le doy un lugar en mi corazón. Lo bajo de la cruz y pido que me baje de la cruz. Lo perdono por el daño que jamás le hizo a la familia, al país o a la humanidad, dependiendo de la situación. Puede aplicar a personas, animales, la naturaleza, gobernantes, enfermedades, etc…….. A la Expiación…

2021. Recogimiento de Purificación. El Miedo. Casa Nazaret. El Jarillo. Estado Miranda. Venezuela.

Querido hermano(a), me encuentro contigo aquí en este desierto para trabajar todos tus miedos, aquello que aún te hiere, todo tu amargo resentimiento, todo lo que no ha sido amor en tu vida terrenal. Tienes que saber que te amo y que te estaré acompañando durante este periodo de recogimiento. Aquí no estás solo, cuentas con formidables compañeros. Te amo.

Ponte de rodillas y habla en voz alta con tu Padre, Él te escucha en este momento.

Confiésale todo lo que ha estado pendiente por reconocerle, todo aquello que aún le ocultas y te avergüenza. Hazle saber de tu enojo con Él, que lo culpas de todo lo malo que te acontece, de lo injusto que es este mundo. Todo aquello que aún temes que te pase en el futuro, dolor, enfermedad, ruina, pérdidas, muerte, etc., confiésalo todo. Tu idea de que Dios te va a castigar a tí o a otros. Háblale de tu concepto de la justicia divina. Todo lo que crees que le pudiera pasar a tus pertenencias, hijos, padres, amigos, familia, dinero, etc. Coméntale de tu frustración de no ver realizados tus proyectos y materializadas tus peticiones. Que no quede nada por decir. Vacíate por completo. Si quieres pídele explicaciones. Te llevaré de mi mano a la fuente de tus miedos. Juntos miraremos su insustancialidad. Pregúntate, qué es lo peor que te puede pasar, cuáles son los desenlaces que según tú y lo que has escuchado, van a ocurrir.

Reconoce que te tienes que haber equivocado, que lo percibiste como un Padre cruel, vengativo y despiadado, por la manera como observas al mundo; que aún te cuesta perdonar, dejar de juzgar y culpar. Ésta es sólo una idea. Continúa por tu cuenta.

Luego sigue el instructivo para que el Espíritu Santo busque y halle la causa de lo que te aqueja y la causa de cada uno de tus miedos. En una página en blanco escribirás a lápiz carbón todas las causas conseguidas: culpa, errores cometidos, decisiones equivocadas, aquello que hiciste, dijiste o pensaste sin amor.

Jesús.

Capítulo 2
Psicoterapias a Distancia y Colectiva

I. Introducción

Sea cual sea el papel que se te asignó, fue seleccionado por la Voz que habla por Dios, Cuya función es asimismo hablar por ti. Dado que el Espíritu Santo ve tus puntos fuertes exactamente como son y es consciente de dónde se puede hacer mejor uso de ellos, con qué propósito, y a quién pueden ayudar y cuándo, elige y acepta tu papel por ti. No actúa sin tu consentimiento. Pero no se deja engañar con respecto a lo que eres y únicamente escucha Su Voz por ti (L-pI.154.2:1-4).

Después de la experiencia exitosa al procesar por mi cuenta los asuntos que me quitaban la paz con la autopsicoterapia en las encerronas o desiertos con Rosa María Wynn, situación que, en las demás técnicas que he practicado no era posible trabajar y procesar para mí mismo, incluyendo las Regresiones que hice con Rosa Hernández, las *Constelaciones Familiares* con Laura Carrasco y Psicoanálisis con la italiana Gabriela Mateucci, es que entendí que: hasta que yo no me libere o aprenda a liberarme de los límites que le impuse al amor, no puedo ayudar a otros a liberarse; puesto que no lo he probado en mí mismo. Como me funciono a mí, debe funcionar para los demás. "Un hermano es todos los hermanos. Y en cada mente se encuentran todas las mentes, pues todas las mentes son una. Ésta es la verdad" (L-pI.161.4:1-3).

Leyendo la historia que cuenta Kenneth Wapnick acerca de la vida y experiencia de Helen Schucman con el dictado y puesta en práctica de *Un Curso de Milagros*, me encuentro con la anécdota de un amigo muy querido de Helen, que le fue enviado a su mente cuando ella se trasladaba en un taxi. En ese momento ella supo que éste se iba a suicidar. Ella se unió a su mente, recordó a Dios por él, e inició su labor psicoterapéutica a distancia, porque sabía del costo y el retraso que le ocasionaría a su amigo esa decisión. Ella supo por una señal la petición de ayuda, y lo hizo.

Rosa María Wynn contó también una experiencia de un amigo que la llamó por teléfono desesperado a punto de cometer un suicidio; y ella en ese momento guiada por el Espíritu Santo le dijo: te quito tu poder de decisión.

Tus pacientes no necesitan estar físicamente presentes para que les sirvas en Nombre de Dios. Esto puede ser difícil de recordar, pero Dios no va a dejar que los regalos que te ha dado se limiten a los pocos que en efecto ves. También puedes ver otros, pues la visión no se limita a los ojos del cuerpo. Hay quienes no necesitan tu presencia física. Pero te necesitan tanto o incluso más en el instante en que te son enviados. Los reconocerás

33

en la forma que sea más útil para ellos y para ti. No importa cómo lleguen. Serán enviados en la manera que resulte más beneficiosa: un nombre, un pensamiento, una imagen, una idea o tal vez simplemente una sensación de que te conectas con alguien en alguna parte. La unión está en las manos del Espíritu Santo. No puede dejar de darse (P-3.I.3:1-10).

En vista de tantas psicoterapias que he realizado y lo distante que me encuentro de muchas personas que las requieren a nivel mundial, se me ocurrió hacerlas por teléfono. Acordamos una cita, en que ambos podamos, que haya buena señal telefónica fija, de WIFI o datos, pudiendo hacerse vía Skype, video llamada, Messenger, Zoom o Whatsapp, en ambos extremos. Se lleva a cabo con el mismo orden de una psicoterapia cuerpo a cuerpo. Se le pregunta al interesado: ¿Para qué quieres la psicoterapia? ¿Qué aspiras conseguir con ella? ¿Cómo quieres sentirte cuando termine la psicoterapia?, hasta llevarlo a reconocer que lo único que desea es la paz interior. Se le pregunta: ¿Qué te quita la paz entonces? Y echa su cuento. Se convoca a los ayudantes y se inicia el proceso. Se sigue el procedimiento con el método descrito anteriormente en el Libro Primero, Segunda Parte, Capítulo 3. Tomo su lugar y hago la psicoterapia con su historia como si fuera para mí y el otro repite.

Si se requiere que mire a los ojos a un personaje con el cual tiene deudas de perdón, se le pide que lo visualice o utilice una fotografía de quien sea que tenga a la mano. La idea es poder mirar en los ojos de otro a aquella persona con quien tiene el conflicto. Si mira la imagen de su pareja o a la persona que le provocó el enojo en un retrato o se lo imagina en su mente, que le diga: estoy enojado contigo —o molesto, o me siento de esta manera— por algo que veo en ti, pero que no está en ti. Luego, se le pide que haga como si apartara con la mano la imagen inicial y mire a los ojos de otro en una nueva imagen que espera detrás de la primera, bien sea en la visualización, o en otra foto. Que diga a quién ve en esa segunda imagen, a quién le recuerda. Cuando lo tenga identificado, se le pregunta: ¿qué pasó con esa persona? y por allí nos vamos. Lo importante es hallar el personaje, la situación, o la fuente de la incomodidad de lo que le quita la paz, y allí hacerse responsable de lo que pasó, de lo que dijo, hizo o pensó que Dios no hubiese dicho, hecho o pensado, se reconoce que se equivocó, se perdona y a la Expiación.

Cuando sucede que la identificación está entre dos personas que se separaron o se odiaron, se le pide que visualice al más condenado o juzgado por el mismo paciente o su familia y trate de observar un borde de luz en su imagen. Cuando lo logre, que te dé una señal. Luego le pides que esa luz que ve, invada absolutamente esa imagen hasta que solo lo vea en la luz, y te dé una señal. Enseguida le indicas que esa luz la proyecte sobre la imagen del otro personaje agraviado o del cual se separó hasta que se fundan en una sola luz. Le pides una señal cuando lo logre. A veces te consigues pacientes que no ven ninguna luz y eso indica resistencia a perdonar. Cuando estén las dos personas en esa luz, le pides que se una a esa luz y formen una sola luz y les reconozca diciéndoles: entre sus mentes y la mía no hay separación ni la habrá jamás. Yo lo experimento colocando una persona en la mano derecha y otra en la izquierda y voy aproximando las dos manos hasta amalgamarlos y luego llevo las dos manos a mi corazón y me fundo con esa imagen de luz. Se le puede pedir al paciente que lo haga así, si tiene altavoz. Ya en esa luz, va mirando a su familia, a todos los involucrados de la terapia, a los excluidos que encontró y los va integrando a la luz. Luego va enumerando todas las decisiones equivocadas que consiguió, todos sus errores y los entrega a la Expiación en esa paz, para que sean disueltos y deshechos por el Espíritu Santo y queden sin consecuencias y sin efectos en su mente y la de todos los involucrados. Finalmente, le pide al Espíritu Santo que en el momento que se equivocó, tome una nueva decisión en favor de Dios por él. Yo lo digo todo como para mí y el otro repite.

De esta manera aprendí el respeto por los tiempos del psicoterapeuta. Entendí que es el acto de amor más grande que se le puede dar a un ser humano que no conoces, pero al que te debes entregar en cuerpo y alma, sin medir tiempos, hasta que se culmine la psicoterapia. Lo propio sería una hora, pero a veces tarda más. Debe ser sin sacrificio de ninguna parte. El terapeuta se tiene que aislar de pareja, hijos, TV, visitas, etc., para atender exclusivamente al otro en quietud y silencio. La psicoterapia es gratuita puesto que la hace el Espíritu Santo, pero se puede pedir un estipendio o gratificación a manera de remuneración por el servicio prestado y tiempo dedicado. Para eso se pide la guía del Espíritu Santo.

Otra cosa aprendida es que si no se puede continuar, o se corta la llamada en un momento dado y se retoma al rato, o días después, el Espíritu Santo continúa donde quedó la psicoterapia en el momento que se cortó la comunicación sin ningún problema.

La psicoterapia también se puede hacer para otro que te sea enviado a la mente, bien sea a través de un recuerdo, una señal, o un mensaje que te da la sensación de que la necesita y no se puede comunicar. Se sigue el mismo procedimiento, pidiéndole guía al Espíritu Santo de qué se trata el tema o un aproximado y la asumes como si fuera para ti. El paciente no tiene que estar presente, pero como nuestras mentes están unidas, se puede. A medida que se han dado las Maestrías para Psicoterapeutas con la Ética Retrospectiva destilada de *Un Curso de Milagros* y las *Constelaciones para la Expiación*, se me han ido revelando distintas dinámicas y ocurriendo experiencias. Esta modalidad de psicoterapia a distancia, la experimentamos en la Tercera Maestría en Mérida, Yucatán, México, en 2019. Presento la transcripción que hizo mi aprendiz Nieves Méndez a continuación, para que sirva de ejemplo para mostrar una psicoterapia a distancia.

Y según te dejas curar, te das cuenta de que junto contigo se curan todos los que te rodean, los que te vienen a la mente, aquellos que están en contacto contigo y los que parecen no estarlo. Tal vez no los reconozcas a todos ni comprendas cuán grande es la ofrenda que le haces al mundo cuando permites que la curación venga a ti. Mas no te curas solo. Legiones y legiones de hermanos recibirán el regalo que tú recibes cuando te curas (L-pI.137.10:1-4).

II. PSICOTERAPIA A DISTANCIA

Psicoterapia a Distancia. 13 de agosto del 2019.
III Maestría Ética Retrospectiva. Mérida. Yucatán. México.

Cierren los ojos…

Vamos a suponer que estamos montados en una montaña rusa y estamos por arrancar. Sin previo aviso arranca, hacia arriba, subiendo, y oyen el motor de la montaña tucutucutucutucutucutucutu y de repente, la montaña rusa te da un tirón a la derecha y rasss, te tira. Déjate llevar a toda velocidad, y tú vas a ir soltando cosas; si quieres, vas tirando como si sacaras de tu bolsillo billetes, ropa, pelo, pedazos de pellejo, carne, dedos, manos, pies y va aumentando la velocidad; de repente la montaña rusa sube, sube, como si fuera un tirabuzón en curva que marea, y luego, se deja bajar a toda velocidad.

Y en el momento que baja a toda velocidad frena en seco y ves una imagen frente a ti, de alguna persona que te ha sido enviada; esa persona que viste, que llegó a tu memoria, con esa vamos a trabajar.

Abran los ojos un momento. Pregunto: Te vino alguien a ti, a ti, a ti…..quédense con los ojos abiertos un momento. Ahora cierren los ojos. ¿A quiénes no les vino nadie? volteen a la derecha con los ojos cerrados, volteen para la izquierda, echen la cabeza hacia atrás, miren al piso, hagan la idea que abren un libro y miren adentro una fotografía de alguien. El que ya tiene a alguien puede abrir los ojos. A los que no, vayan pasando las páginas del libro y mírenlo otra vez, vayan pasando páginas hasta que consigan una foto de alguien que les envíe el Espíritu Santo. Pregunta: ¿encontraste a alguien?

Pueden ir recogiendo nopales por el camino y los van echando en una cesta hasta que consigan el rostro de alguien, trata de no puyarte con el nopal, ahora metes la cesta de nopales en el carro, abres la puerta y te encuentras una tremenda fotografía: ¿a quién ves ahí? ¿A nadie? levanta el asiento y busca, vas a conseguir un objeto de alguien a quien se lo tienes que devolver: ¿qué conseguiste debajo del asiento?, en eso sale una serpiente, ¿ya viste la serpiente? ¿A quién viste? mira la serpiente, la serpiente sale corriendo y tú la estás persiguiendo, la serpiente se dirige a una casa de alguien que tú conoces que necesita psicoterapia, ¿a dónde te lleva la serpiente?

Cerramos los ojos. La persona que le fue enviada a la mente a cada uno de nosotros es un buen sujeto para trabajar, vamos a mirarlo y decimos:

Querido hermano has sido enviado a mi mente y no por casualidad pidiendo ayuda. Y no tengo idea de cómo te puedo ayudar, pero yo me voy a hacer a un lado para que sea el Espíritu Santo que te ayude por mí en la necesidad que tu tengas en este momento. Yo invoco el Nombre de Dios y el mío propio, uno mi mente a la tuya y a la de Jesucristo para que seamos uno solo y me hago a un lado para que el Espíritu Santo sea mi Guía hoy, voy a hacer silencio un momento y voy a escuchar tu mensaje tu petición de ayuda…..y decimos:

Querido hermano, tú vales más que eso, tú eres valioso para Dios y yo recuerdo a Dios por ti, Dios está contando contigo en Su plan de salvación, y yo soy testigo de tu santidad y vengo a socorrerte desde lejos, a sostenerte en tu fe, en el Amor de Dios.

Dios es la fortaleza en la que confío, y confío en esta ayuda que te estoy enviando desde la distancia donde me encuentro, yo puedo recordar a Dios por ti. Quiero que todas tus deudas queden sanadas, que todos tus juicios sean eliminados, que todos tus pecados sean perdonados, que tus errores sean corregidos y deshechos; entrego por ti en este momento todo error que hayas cometido, toda decisión equivocada, todo aquello que genera culpa en ti, a las manos del Espíritu Santo.

Aquello que te culpa lo dejo por ti en manos de Jesucristo como si fuera mi propia culpa, yo te quiero liberar plenamente y liberarte de lo que te aqueja porque me libero a mí mismo; en tu liberación radica mi liberación; te quiero perdonar por lo que jamás te sucedió, por la culpa que jamás tuviste, por la venganza que jamás mereciste; te quiero perdonar por aquello que te confundió, por aquello que te obligó a obrar de la manera que obraste, por aquello que no eres tú; yo quiero ver tu liberación, te quiero ver en la luz en este momento; en la luz de la santidad; elijo ser testigo de tu verdad; elijo ver la verdad en ti; elijo verte sostenido de la mano de Jesús, sostenido por Dios en su infinito Amor; solo quiero verte como la luz que eres; quiero reconocer en ti que estás más elevado que yo, que estás siendo mejor asistido que yo; deseo lo mejor para ti; deseo la gloria para ti que eres el Hijo de un Padre amoroso; deseo verte únicamente en la luz, y ser testigo de tu salud y recordar a Dios por ti; deseo lo mejor para ti.

Yo te pido perdón por mi deseo de vengarme, por mi enojo, por mi falta de perdón, por mis juicios, por mi abandono. Te libero porque quiero ser liberado, te perdono porque quiero ser perdonado, o ambos somos inocentes o ambos culpables. Santo hermano mío: elijo liberarte para siempre, y te bajo de la cruz donde te pude haber crucificado, te saco los clavos que te atan a esa cruz y la corona de espinas. Recuerdo a Dios por ti, elijo ser el testigo de tu inocencia; elijo ser testigo de tu verdad. Yo sostengo tu fe. Cualquiera sea la circunstancia por la que estás pasando, yo seré testigo de la verdad y no te apoyaré en la ilusión de la enfermedad; te apoyo en lo que es real en ti, en la paz, en la dicha. No hay nada que temer. Solo te veo en la luz brillando, surgiendo en tu inocencia, en tu amor. Gracias. Te sueño sonriente y feliz.

Cualquier error que hayas cometido lo dejo en manos de la Expiación por ti, cualquiera sea tu falta lo dejo en manos de la Expiación, todos los errores que cometiste, todos tus aparentes pecados, aquellos de los que yo mismo te culpo, los dejo en manos de la Expiación del Espíritu Santo: para que todo sea deshecho y disuelto, y quede sin consecuencias y sin efectos en tu mente y en la mía y en la de toda la filiación. Espíritu Santo dame una nueva manera de ver a este hermano que me dé paz. En el momento que vino a mi memoria este hermano, toma Tú Espíritu Santo una nueva decisión en favor de Dios por mí. En el momento que se equivocó el hermano, toma Tú Espíritu Santo una nueva decisión en favor de Dios por él. Yo estoy dispuesto a perdonar y a perdonar por mi hermano no importa qué.

Querido hermano: todos tus pecados han sido perdonados y los tuyos junto con los míos. Gracias Padre.

IGC/nm

III. Psicoterapia Colectiva o Grupal

En mi experiencia inicial con los seminarios psicoterapéuticos de *Un Curso de Milagros*, prácticamente le hacía una psicoterapia a cada participante; los seminarios duraban dos días. Todos los asistentes apoyaban ayudando a los demás en el caso expuesto. Representaban algún personaje o situación. Lo cierto es que cada caso traía milagros para cada quien. "Cada decisión que se toma, se toma para toda la Filiación, es aplicable tanto a lo interno como a lo externo y afecta a una constelación mucho mayor que nada que hayas podido concebir jamás" (T-14.III.9:5). Frecuentemente, cuando se hace una psicoterapia para alguien del grupo, el resto de los estudiantes repite como si fuese para ellos el ejercicio. De esa manera consiguen también errores personales, culpa oculta o decisiones equivocadas aún vigentes en su memoria y se entregan a la Expiación.

Llegó el momento en que la cantidad de personas aumentó tanto en los talleres, que yo no daba abasto para realizar psicoterapias a todos como al inicio. Le pedí guía al Espíritu Santo, que me diera una solución a este pequeño inconveniente, puesto que terminábamos muy tarde los seminarios y nadie quería quedarse sin su psicoterapia.

De esa inquietud me fue inspirada la Psicoterapia Colectiva con el propósito de que cada participante de los seminarios pudiera acceder a la causa del problema que lo aqueja, al mismo tiempo a la vez. "Su propósito es simplemente ahorrar tiempo. Al tiempo, no obstante, le llegará su final, y propiciar ese final es la función de los maestros de Dios, pues el tiempo está en sus manos. Tal fue su elección, y así se les concedió" (M-1.4:3,8-10). Asumí el riesgo y me lancé con los ejercicios psicoterapéuticos a la vez para todos con los ojos cerrados. Previo de declarar la paz al proceso, establecer la meta y convocar a los ayudantes: cada quien repite lo que voy diciendo. Explico antes a los participantes que cada uno tendrá un espacio dentro de la psicoterapia para hablar en voz baja y plantearle a Dios nuestro amado Padre su caso, aquello que le quita la paz. Al inicio hago un resumen de todos los casos planteados durante el seminario, de manera que a la vez que se trabaje un caso, se trabajen todos los casos y cada quien escuche su cantaleta o canto fúnebre. No hay grado de dificultad en los milagros. Siempre hay quien no tenga nada que plantear.

No soy el único que experimenta los efectos de mis pensamientos. No soy el único en nada. Todo lo que pienso, digo o hago es una enseñanza para todo el universo. Un Hijo de Dios no puede pensar, hablar o actuar en vano. No puede ser el único en nada. Tengo, por lo tanto, el poder de cambiar a todas las mentes junto con la mía porque mío es el Poder de Dios (L-pI.54.4:1-6).

Luego de la confesión y vaciado personal de cada participante, todos a la vez, continúa el reconocimiento: Tuve que haberme equivocado porque esto no pudo ser Tu Voluntad Padre amado. Le siguen las preguntas de rigor: Qué dije, hice o pensé, que Tú no hubieses dicho, hecho o pensado Padre amado, o qué dejé de decir, hacer o pensar que Tú si lo hubieses dicho, hecho o pensado. De qué me siento culpable. Se hace silencio.

Experimenté en algunas oportunidades detener la psicoterapia colectiva y preguntarle a cada quien, qué le vino a su mente. Y luego continuamos como un solo equipo asumiendo la responsabilidad por lo de todos, reconociendo que nos equivocamos a sabiendas, que nos dejamos engañar por nuestra falsa identidad. Pedimos perdón por cada caso expuesto, perdonamos por lo que no nos hicieron y liberamos a cada persona que se nos envió. Se deja un espacio en silencio para que cada quien perdone lo suyo. Es posible que en el ejercicio le haya venido algo más a algún participante. Si hay culpa en alguien, en conjunto la ponemos en manos de Jesucristo visualizándolo. "La salvación es una empresa de colaboración. No la pueden emprender con éxito aquellos que se desvinculan de la Filiación porque al hacer eso se desvinculan de mí. Dios acudirá a ti sólo en la medida en que se Lo ofrezcas a tus hermanos" (T-4.VI.8:2-4).

Luego seguimos repitiendo en voz alta: Espíritu Santo –enumeramos una a una, todas las causas conseguidas por todos, y se deja espacio de silencio para que cada persona entregue las demás causas que le vinieron– dejamos en manos de la Expiación todos nuestros errores y nuestras decisiones equivocadas para que sean disueltas y deshechas y queden sin consecuencias y sin efectos, en nuestras mentes, la de los involucrados, nuestra familia, ancestros, descendientes y toda la filiación. Espíritu Santo, en aquel momento que nos equivocamos, toma Tú una nueva decisión en favor de Dios por cada uno de nosotros. Danos una nueva manera de ver lo que pasó que nos dé paz. Concluida la sesión, con los ojos abiertos nos miramos a los ojos unos a otros y nos decimos: Todos tus pecados han sido perdonados, y los tuyos junto con los míos.

Tenemos una misión que cumplir aquí. No vinimos a reforzar la locura en la que una vez creímos. No nos olvidemos del objetivo que aceptamos. Vinimos a alcanzar mucho más que nuestra propia felicidad. Lo que aceptamos ser proclama lo que todo el mundo no puede sino ser junto con nosotros. No les falles a tus hermanos o te estarás fallando a ti mismo. Contémplalos con amor, para que puedan saber que forman parte de ti y tú de ellos (L-pI.139.9:1-7).

La psicoterapia colectiva o grupal también es aplicable como conclusión de los ejercicios donde se hacen grupos de dos, tres, cuatro o más personas que pueden actuar como representantes de los padres de uno de los integrantes para luego turnarse o representar a la pareja, alguien no visto aún, o una situación donde se tiene pendiente una falta de perdón. A cada participante se le designa A, B y C. Y cuando todos los grupos estén dispuestos, según sea la dinámica, se puede pedir que todos los que tengan la letra C o A o B inicien su terapia mirando a los otros. Luego de terminar C, le toca al B o a A. El facilitador dirá a quién le toca al azar. Al terminar todas las primeras dinámicas y encontrar la causa o al hermano con el cual está enojado, se concluye con la ÉR para todos a la vez, desde asumir la responsabilidad hasta entregar a la Expiación.

Aquí expongo algunos ejemplos de la Psicoterapia Colectiva gracias a las transcripciones de mi aprendiz Nieves Méndez, que se dio a la tarea de grabar, de recopilar lo grabado por otros en distintos seminarios, apoyada por mi otro aprendiz Nino Uccello. Cada Psicoterapia Colectiva expuesta aquí ha sido inspirada en el momento vivido, por el tema del taller donde surgió y por la inquietud de los participantes. Son muy pocos los cambios que se han hecho a cada transcripción, se eliminó alguna redundancia y se ordenaron cronológicamente. Está incorporado en este capítulo un ejercicio y una anécdota.

1. La Relación Santa. 27 de mayo 2013. La Azulita. Estado Mérida. Venezuela.

Con los ojos cerrados.
Espíritu Santo: quiero establecer una relación santa, estoy dispuesto, ya sea mi primera o mi segunda relación santa. Si tengo que reafirmar la primera dame las señales, si tiene que ser con otra persona dame las señales, si tiene que ser con papá o mamá, un hijo, mi pareja o expareja dame las señales, quiero ver más allá, con quien a Ti te parezca que deba entablar una relación santa para que sea una experiencia que yo viva de progreso. Con quien Tú consideres que se deba establecer una relación santa, tráelo a mi memoria en el instante que abra los ojos.
Espíritu Santo: chequea por mí, que sea la persona correcta, que no sea yo quien induzca, me rindo, que pueda ver a esa persona con amor.
Si ya tienes a la persona repite conmigo: Querido hermano, te he culpado

siempre por lo que creí que me hiciste, eso me enojó por un tiempo, pero la verdad es que la culpa que siento es por lo que te hice, por lo que te hice creer, por el provecho que saqué de ti. Muchas veces me valí de tu necesidad y de tu debilidad, para satisfacer mi propia necesidad, mi carencia, mi escasez. Me hago responsable y le digo "Sí" a la manera en cómo te lo hice, a la manera cómo te abandoné, a la manera cómo nunca me importaste; le digo "Sí" al beneficio que tuve de ti, de tu cuerpo, de tus bienes y de tu trabajo, con el propósito de colmar mis caprichos, aunque siempre yo quedara inconforme porque no eran necesidades reales, fueron inventadas por mí, por mi creencia en la separación. Me sentía culpable de haberme separado de Dios y encontré en ti una manera de ocultar la culpa. Con lo que me dabas al principio me satisfacía y lograba aplacar la culpa. Mientras fue así estaba feliz y en paz, pero cuando no pudiste más satisfacer el hambre que yo tenía de amor, de control, de atención, te odié y en nuestra relación se acabó lo especial. El amor se terminó, me vengué, te maltraté, te ignoré. Todo lo que te hice me lo hice a mí mismo, y el precio que he tenido que pagar ha sido muy alto.

La culpa que siento por lo que te hice ha sido muy grande. Le di a nuestra relación un propósito no santo. Te manipulé. Jamás quise ver tu impecabilidad, al Hijo de Dios en ti, tu verdad. Siempre vi mis propios intereses, lo que te podía sacar. Pero me equivoqué, por eso te pido perdón, por lo que te obligué a hacer, por el papel que te asigné que representaras para mí, por lo que te hice, por el abuso que hice de ti, por el provecho que te saqué valiéndome de tu necesidad y de tu carencia. Te pido perdón por la culpa que pretendí ocultar en ti. Ahora te libero de esa culpa porque me quiero liberar a mí mismo de la culpa y te bendigo, como el santo Hijo de Dios que eres. Ahora te reconozco como mi salvador. Entre tu mente y la mía no hay separación. Renuncio al propósito que le di a nuestra relación.

Renuncio a mi interés de satisfacer mi necesidad con tu cuerpo, con tu trabajo, con tu dinero. Te libero de ese compromiso de tener que actuar para mí, de tener que parecerte a mi papá, o a mi mamá, ahora sé que eres diferente, te libero de ese compromiso, de tener que atenderme, de darme amor, de satisfacer mi sexualidad, de brindarme seguridad, de brindarme apoyo, de satisfacer mi idea de abandono. Te libero del compromiso de ser la compañía para la soledad que yo fabriqué, de ser mi proveedor, mi alimentador, mi cuidador, o el culpable de mi enfermedad o de todo lo que me provoque que lo seas. Te libero plenamente.

Visualizo al hermano y le digo: Y ahora invito a Jesucristo para que forme parte de nuestra relación y la intervenga, la pongo en las manos del Espíritu Santo para que la convierta en una relación santa, sólo para el servicio del plan de Dios para la salvación.

Santo hermano, ahora pido confiar en ti plenamente, en que traerás a mi vida lo que me conviene para mi salvación. Pido que cada vez aumente más mi fe. Por favor Espíritu Santo no me abandones en este momento. Me falta fe. Quiero confiar en ti Espíritu Santo y quiero confiar en lo que me trae mi hermano, en lo que tiene para mí, en lo que aparenta ser algo malo o negativo del cual estoy dispuesto a aprender. Deseo retornar a Ti Padre amado para siempre. Acepto la Expiación para mí mismo, y te la ofrezco santo hermano.

Pido reconocer mi propia Expiación en tu inocencia. Eres mi salvador. Quiero reconocer en ti al Espíritu Santo y ver al Cristo Redentor. Quiero verte más allá de tu cuerpo, más allá de tu belleza física, más allá de tu violencia, más allá de tu aparente carencia, más allá de lo dominante que pareces ser, más allá de tu aparente infidelidad, más allá de tu pecado. Quiero ser testigo de tu inocencia, quiero contemplar la faz de Cristo en ti. Quiero reconocer al Hijo de Dios en ti. Quiero perderme en tu corazón, y que tú te pierdas en el mío. Quiero unirme a tu mente y al Padre. Elijo ir de tu mano al Cielo, pues eres mi salvador, y te reconozco como tal.

Todo lo que no fue amoroso, lo dejo en manos de la Expiación del Espíritu Santo, para que sea disuelto y deshecho, junto a todos los juicios que te hice, toda la culpa que te eché, toda la culpa que experimenté; para que quede sin consecuencias y sin efectos en mi mente, en tu mente y en la mente de toda la filiación. Espíritu Santo sana mi mente, corrige todos mis errores y los de mi hermano. Espíritu Santo toma Tú una nueva decisión en favor de Dios por cada uno de nosotros, danos una nueva manera de vernos que nos dé paz.

Santo hermano te bendigo en el Nombre de Dios y en el mío propio. O nos salvarnos juntos o nos condenamos juntos. Toma mi mano para que juntos regresemos al Cielo donde nos corresponde estar, en paz y para siempre.

IGC/nm

2. Ejercicio para aprender. Noviembre 2014. Pamplona. España.

Vamos todos a cerrar los ojos.

Repitan conmigo: Padre amado hay situaciones aún presentes en mi vida diaria que no me dan paz. Y cada uno de nosotros le va a hablar en voz baja a Dios de algo que aún no le dé paz, como si fuese una confesión; algún efecto indeseable, algo que esté pasando en su casa, en el hogar, con el perrito, con el gato, con el trabajo, con la pareja. Y Le decimos: esto no me da paz, esto no me gusta.

En voz alta repetimos:

Padre amado esta situación que ha venido a mi mente no me da paz, no me gusta cómo me siento con esta experiencia, y no sé cómo hacer, eso no puede ser Tu Voluntad. Si Tu Voluntad es que yo sea feliz de manera permanente y constante, esto que está sucediendo en mi vida lo recuerde o no, no me da paz y no es Tu Voluntad, yo tengo que haberme equivocado.

Padre amado, si en algún momento de mi pasado dije algo que Tú no lo hubieses dicho, y eso trajo esta situación a mi vida, lo quiero recordar.

Padre amado, si pensé algo de alguien o de mí mismo que Tú no lo hubieses pensado, y que trajo este efecto indeseable a mi vida, lo quiero recordar.

Padre amado, si le hice algo a alguien, o condené a alguien, o juzgué a alguien que Tú no lo hubieses hecho, lo quiero recordar, o si dejé de hacer algo que Tú si hubieses hecho con algún hermano o hermana y que trajo este problema a mi vida, lo quiero recordar.

Padre amado, si consideré a alguno de Tus Hijos, indignos de mi amor o de Tu amor, lo quiero recordar; si ofendí a alguien, o quise asesinar a alguien, o pensé que lo mejor era que muriera o, colaboré con que alguien perdiera la vida o le ocasioné pérdidas a alguien, lo que sea Padre que esté pendiente por perdonar, que haya hecho, dicho, o pensado o, dejado de hacer, lo quiero recordar, sólo si está bien para Ti Padre amado, dame las señales. Utilizo la soberanía de mi mente en este momento para que sea llevada al momento del pasado donde cometí un error o tomé una decisión equivocada que trajo culpa a mi vida; por favor Padre amado, Espíritu Santo si de algo me siento culpable lo quiero recordar en este momento; quiero que lo traigas a mi memoria, porque estoy dispuesto a perdonar lo que sea, con tal de recuperar mi paz. Permítaseme reconocer el problema para que pueda ser resuelto. Haré silencio por un rato para permitirme recordar.

SILENCIO (Esperamos lo que traiga el Espíritu Santo y nos hacemos responsables)

Espíritu Santo, gracias por permitir que llegara a mi mente un atisbo, una aproximación de aquello de lo que aún me siento culpable, y si no me ha llegado nada, estoy abierto a recordar aquello que está pendiente que quieras traer a mi mente para que sea sanado para siempre.

Espíritu Santo, aquello que recordé o aquellas cosas que recordé o lo que no recordé pero que está ahí por salir, asumo la responsabilidad de mi participación en esa situación, y le digo "Sí" a las consecuencias que trajo esa decisión equivocada a mi vida.

Espíritu Santo, cualquiera sea mi responsabilidad sobre lo que pasó no fui yo; me dejé engañar a sabiendas; ese fue mi error, querer dejarme engañar por mi soberbia, por mi arrogancia, por mi falsa identidad, por mi deseo de ser el juez de los demás, por mi deseo de tener más de todo lo que yo ya era.

Espíritu Santo: te pido perdón o les pido perdón a todas aquellas personas involucradas por lo que si les hice; y los perdono por lo que jamás me hicieron, por el pecado que jamás tuvieron, (cada quien entrega y le pide perdón a la persona que le vino a la mente, le piden perdón por aquello que hay en ustedes que los obligó hacer lo que hicieron o por el papel que le asignaron que cumplieran para ustedes, si hay culpa la dejan en manos de Jesucristo).

Jesucristo te entrego esta culpa, hazte cargo de ella, es muy pesada para mí, la dejo en Tus manos, mantén en mi memoria el recuerdo de que aún soy tal como Dios me creó (suenan las campanas anunciando la liberación).

Cada quien le dice al Espíritu Santo:

Espíritu Santo, te entrego todas mis creencias; la necesidad que tuve de hacer lo que hice o de pensar lo que pensé; la culpa que siento por lo que creí que hice; o la culpa que pretendo ocultar en los demás; la necesidad que tuve de ver el error en el otro; o de usar al otro; o de usar su cuerpo, para que sucediera lo que sucedió (cada quien entrega todo lo que consiguió).

Lo dejo en manos de la Expiación; dejo todos mis errores en manos de la Expiación; todo lo que conseguí; todo lo que si hice; la culpa que conseguí que creí que tenía por lo que creí que hice; la culpa que pretendí ocultar en los demás: para que sea disuelta y deshecha, y quede sin consecuencias y sin efectos en mi mente, en la de las personas involucradas, en la de papá y mamá, mis abuelos, mis bisabuelos, mis tatarabuelos, mi familia, mi pareja, mis hijos, mis nietos, mis bisnietos, mis tataranietos, toda mi descendencia, toda la Filiación.

Espíritu Santo dame una nueva manera de ver esta situación que me dé paz, en aquel momento que me equivoqué toma Tú una nueva decisión en favor de Dios por mí. (Abrimos los ojos).

Esta manera de ir al pasado de la mano de Jesús, la llamo Ética Retrospectiva, la Psicoterapia para la Expiación destilada de *Un Curso de Milagros*, retroceder pero siempre agarraditos de Dios, guiados por el Espíritu Santo, que sea Él el que aporte la causa y la saque a la superficie. Puede que algunos consiguieran algo o nada, pero cada vez que ustedes pierdan la paz por un suceso, hay algo pendiente que perdonar. Cuando hay algo enconado, guardado, encriptado, que el ego se encargó de que jamás puedas recordarlo, ésta es la manera; la aprendí de Rosa María Wynn en la encerrona, le fui agregando, poniendo, y la practico mucho, otros no. Es un acto de contrición. Primero establecer una meta: lo que deseo es la paz interior, por encima de todo quiero recuperar mi paz. Estar dispuesto a perdonar lo que sea que salga. Si te viene una cosa peluda –difícil– y no estás dispuesto a perdonarla, de nada sirve el trabajo. A veces he llegado arrodillado: Padre de aquí no me levanto hasta que no sepa que fue lo que hice, y siempre llega.

IGC/nm

3. Prosperidad. 6 al 12 de abril del 2017. Y Maestría Ética Retrospectiva. Casa Nazaret. Estado Miranda. Venezuela.

Le pido a Jesucristo que se una a nuestras mentes, que seamos uno con Él; me uno a Su mente y a la de ustedes. Invoco el Nombre de Dios y el mío propio; que sea el Guía el Espíritu Santo, estoy seguro que su dirección me va a brindar paz.

Dios Padre amado: venimos a Ti con ocasión de poner en Tus manos, en las manos de Jesús, en las manos del Espíritu Santo todas nuestras aparentes necesidades, todas las necesidades de mi ego. Voy a entregarte las mías y las de mis hermanos presentes.

Padre amado: te entrego la necesidad de una casa, de un techo, te entrego mi necesidad de remodelar mi casa, de hacerle mejoras, de ponerla al día; te entrego mi necesidad de regalarle una casa a cada uno de mis hijos, o de comprarles un apartamento.

Padre amado: la necesidad que tengo de tener otra casa en otra ciudad, la necesidad que tengo de tener una casa más grande, con espacios para bailar, con grama, con algo bonito, la dejo en Tus manos Padre amado. La necesidad de darle casa a otros la dejo en Tus manos.

Padre amado: mi necesidad de vehículo, de una camioneta nueva, un carro nuevo la dejo en Tus manos; la creencia de que necesito dinero para viajar la dejo en Tus manos; toda mi necesidad de dinero, la falta que creo que me hace para adquirir bienes, para adquirir ropa, para invertir la dejo en Tus manos; la necesidad de vender el carro que tengo, de regalarle un carro a mi papá o a mis hijos, la dejo en Tus manos; la necesidad que tengo de tomar, de tener una casa de dos pisos, de tener un mejor trabajo, una consolidación laboral, una estabilidad laboral la dejo en Tus manos; la necesidad que tengo de no depender de nadie, de tener dinero para mí, de ahorrar, de tener mucho dinero, de tener un trabajo importante, de tener una empresa y muchos empleados la dejo en Tus manos; la necesidad de comprar equipos nuevos para mi negocio, de mejorarlo, de consolidarlo la dejo en Tus manos.

La necesidad que tengo de pareja, de alguien que me sostenga, que me pague los viajes, o la necesidad de hacer mucho dinero para pagar los viajes de mi pareja la dejo en Tus manos; mi deseo de viajar, de conocer otros mundos, de conocer España la dejo en Tus manos; la necesidad que tengo de ir a otros lugares a prepararme la dejo en Tus manos; la necesidad de emigrar, la creencia de que en otro lugar voy a estar mejor que aquí la dejo en Tus manos.

La necesidad de blanquearme, de hacerme estética facial, de levantarme los pechos, las nalgas, de rejuvenecerme la dejo en Tus manos; la necesidad de ropa, de servicios la dejo en Tus manos.

La necesidad de procurar seguridad para mí, de usar a otro para que cuide de mi o de mi seguridad social la dejo en Tus manos; la necesidad de invertir, de hacer crecer mis negocios la dejo en Tus manos; la necesidad de cuidar este cuerpo, de mantenerlo sano, de conseguir los remedios necesarios la dejo en Tus manos.

Todas las necesidades que he fabricado con el ego para mantener este ídolo del cuerpo a salvo por mi propia cuenta y para mantenerlo feliz la dejo en Tus manos; todas las exigencias corporales, la necesidad de placer sexual, el placer corporal, la necesidad de obtener, de coleccionar, de acumular las dejo en Tus manos.

La necesidad de guardar para el futuro, la creencia de que en el futuro voy a sufrir de escasez y que tengo que prepararme desde ya, la dejo en Tus manos; la creencia de que se va a repetir mi pasado, que mi pobreza va a volver, que no voy a poder sostener a mis hijos en el futuro la dejo en Tus manos; la necesidad de darle una buena educación a mis hijos la dejo en Tus manos; la necesidad que tengo de hacer crecer mi negocio, de mejorarlo, de sacarle más dinero, de devengar más, de obtener más dinero de mi trabajo la dejo en Tus manos.

La necesidad que tengo de comprar comida, de gastarlo todo en comida lo dejo en Tus manos; todas las necesidades que fabriqué, todo lo que he querido para el cuerpo para mi importancia personal lo dejo en Tus manos; mi necesidad de competir, de parecer ante el mundo y ante la sociedad como si yo fuera más, más importante o tuviera más lo dejo en Tus manos; Padre amado: la necesidad de ser mejor que los demás, más grande que los demás, tener más que los demás lo dejo en Tus manos (Cada quien deja en manos de Dios lo que le venga a la mente).

Me rindo Padre amado. Me rindo Padre amado. Entrego la necesidad que tengo de vivir limitado económicamente, de vivir con las tarjetas de crédito en deuda, de vivir como si estuviese arruinado; la necesidad que tengo de gastar más de lo que gano; la necesidad que tengo de pedir prestado; la necesidad que tengo de "expiar", de darle a los demás a crédito para conseguir como pelear, la dificultad que tengo de compartir con otros o con mi pareja la mitad de mis bienes; todo esto lo dejo en Tus manos. La necesidad que he tenido de esconder mi dinero, de hacer negocios ocultos para que mi pareja no se entere, la creencia de que la mitad de lo que le pertenece a mi pareja es mío, aquello que hay en mí que se niega a lo que me corresponde, la dejo en Tus manos Padre amado.

Todos los límites que le puse a la abundancia, la idolatría que hice del dinero, la idolatría que hice de los cuerpos de mis padres, la idolatría que hice del cuerpo de mis hijos, la idolatría que hice de mi propio cuerpo, del cuerpo de mi pareja y de la enfermedad las dejo en Tus manos Padre amado.

Aquellas necesidades que no tengo y que procuro usarlas para quedarme sin dinero, para quedarme pelando y endeudado las dejo en Tus manos Padre amado; todas las ataduras, todos los límites que puse a mi abundancia, todo lo que hecho para procurar placer para mi cuerpo, para procurar comodidad para mi cuerpo y el cuerpo de mi familia lo dejo en Tus manos Padre amado.

Me rindo. Lo entrego todo, todas mis preocupaciones, todas mis necesidades, mi miedo al futuro, la creencia de que el futuro será peor, la creencia de que mi situación nunca va a mejorar, la creencia de que no soy digno de trabajar para Ti Padre amado, de servirte a Ti, la creencia de que si te sirvo a Ti me muero, las dejo en Tus manos. Todo lo que he hecho para perpetuar mi estadía en este mundo, para retardar mi regreso al Cielo lo dejo en Tus manos Padre amado; me vacío en este momento y te sigo entregando lo que venga a mi mente, quiero vaciarme no quiero quedarme con ningún proyecto, te entrego mis planes, todos mis proyectos te los entrego, todo lo que hecho para mi prosperidad futura te lo entrego, todo lo he hecho para graduarme, estudiar, mejorar mi situación económica te lo entrego, mis mapas del tesoro, mis proyectos de tener vehículo nuevo o de quedarme sin vehículo, mis proyectos de andar en bus, mi proyecto de alcanzar la felicidad por mi propia cuenta o de querer la paz lo dejo en Tus manos Padre amado.

Todo lo que deposito ante Ti es el regalo que te hago, quiero que se cierre la brecha que interpuse entre mis hermanos y yo. Padre amado: aquello que envidié, aquello que deseé con tanto anhelo, aquella persona, aquel proyecto que quise acometer para parecerme a esa persona a quien envidié y superarlo para así echarle en cara tal vez a mis padres o a mis hermanos que yo era mejor, más próspero, que ganaba más, lo dejo en Tus manos. Al hombre rico que quise parecer ante el mundo y ante la sociedad lo dejo en Tus manos. La creencia de que despilfarraba y gastaba de más, que era malo vivir bien, que era malo tener un buen carro, que era malo tener dinero la dejo en Tus manos Padre amado. La creencia de que darme un buen gusto era malo o arruinaba a otros la dejo en Tus manos. La creencia de que para ganar alguien tenía que perder la dejo en Tus manos.

La creencia de que lo que me correspondió a mí le ocasionó pérdida a otro, o lo que le correspondío al otro lo perdí yo, la dejo en Tus manos. Quiero entregarlo todo, mis quejas, mi rabia, mi envidia, mi amargo resentimiento; todo lo que procuré que los demás me hicieran para sentirme víctima también, lo dejo en Tus manos. La ruina que procuré, lo limitado que me he sentido con respecto al dinero, la creencia de que soy peor hijo o peor hermano porque doy menos que los demás lo dejo en Tus manos. Todo lo que impida que reciba mi herencia, la herencia que me corresponde por ser Tu Hijo lo dejo en Tus manos. Todo lo que fabriqué lo quiero deshacer, es el regalo que te hago Padre amado. Quiero que lo intercambies por Tu Amor, quiero experimentar el que Tú me sostienes. Quiero experimentar en este momento sentirme amado por Ti, especialmente amado por Ti. Quiero reconocer que ese amor está dentro de mí, esa pureza está dentro de mí y la negué, quiero entregarlo todo a cambio de ese reconocimiento de puro amor que está dentro mí. Pido que éste sea un instante santo para cada uno de mis hermanos aquí presentes, quiero experimentar el amor dentro de mí, y si quedase algo por entregar lo entrego, me rindo, me rindo a Tu Voluntad Padre amado, me rindo. Ahora puedo notar como el cuerpo respira por su propia cuenta sin que tenga que hacer nada, como inhala y exhala.

Te entrego esa manía que tengo de usar el cuerpo de los demás para mis propio intereses, para satisfacer mis necesidades corporales y económicas, las dejo en Tus manos; hazte cargo de mis necesidades Padre amado, las dejo contigo en este instante santo. Te amo tanto Padre amado y te reconozco como mi único Padre. El único Padre de papá y mamá, de mis hermanos, de mis descendientes, de mis amigos, de los que parecen malos y de los que parecen buenos. Hago este reconocimiento. Quiero reconocer en este momento mi igualdad con todos, cualquier desigualdad que perciba la dejo en Tus manos, todas las desigualdades en las que quise creer las dejo en Tus manos, Padre amado gracias por Tu Amor. Me relajo en Tu Amor. Descanso en Dios.

Padre amado: si me falta perdón trae a mi mente en este momento a aquel ser que no he perdonado completamente, que aún envidio, que aún odio y que creí que no merecía mi amor y se lo negué, por favor Padre, trae esa persona a mi mente ahora que estoy en Amor, ahora que no me opongo a Tu Amor, ahora que no me opongo a perdonar, ahora que vengo con las manos vacías, trae a mi memoria a aquella persona o aquellas personas con las cuales tengo una deuda pendiente de perdón; a aquellas personas a quienes les negué mi amor; aquellas personas a quienes no les reconocí lo que merecían; aquellas personas a quienes les negué su herencia; aquellas personas que condené y juzgué. Y me permito contemplarlas una a una, en silencio.

Me permito abrazarme con cada ser que llegue a mí, permito que se unan a mí. Estoy en la presencia de Dios y a cada ser lo bendigo y lo abrazo, y lo perdono por lo que no me hizo, y le pido perdón por lo que le hice.

SILENCIO (Esperamos lo que traiga a la luz el Espíritu Santo y nos hacemos responsables)

Queridos hermanos yo estaba equivocado, creí que entre nuestras mentes había separación y jamás la hubo, ahora comprendo que jamás hubo separación entre sus mentes y la mía, entre ustedes y yo, ahora somos uno; el equivocado aquí fui yo. Me había dejado engañar a sabiendas por mi falsa identidad. Creí que estaba separado y me resentí, quise ser el juez, el administrador de la justicia y me equivoqué, por eso les pido perdón. Hermano te libero porque quiero ser liberado, te pido perdón por el mal uso que hice de tu cuerpo, y de aquello que me quisiste dar; te pido perdón por el mal uso que hice del servicio gratuito que me brindaste; te pido perdón, te pido perdón papá, te pido perdón mamá por haber abusado de ustedes por lo que les robé, por lo que les privé, por haber pretendido atentar contra el bien más preciado de ustedes que era yo mismo; no sabía lo que hacía; estoy verdaderamente arrepentido del mal uso que hice de mi cuerpo; lo convertí en un ídolo, me equivoqué; pretendí todo lo mejor para mi cuerpo y se me olvidó el camino de la luz, se me olvidó el camino de regreso al Padre, se me olvidó que era el Hijo de Dios; por eso te pido perdón Padre amado, por haberte negado, por haber abjurado de ti, por haberte rechazado, por haberte despreciado; sólo fue un pequeño error, yo te pido perdón por eso.

Jesucristo: toda la culpa que he llevado arrastrando, por la cual he pretendido arruinarme, sentirme limitado y experimentar escasez, la dejo en Tus manos Jesucristo, hazte cargo de esa culpa que es muy pesada para mí, por favor, la dejo contigo, gracias Jesucristo por aceptar mi culpa y mi regalo.

Todo lo que hice, que vino a mi mente todas las deudas que tengo pendientes lo dejo en manos de la Expiación del Espíritu Santo, lo que sí hice, lo que sí dije, lo que encontré en mi mente, lo que hice con los cuerpos de los demás, lo que me aproveché de los bienes de los demás, lo que robé y lo que desprecié; lo que renuncié, la carencia que vi en otros, la pobreza que vi en otros, la creencia de que otros me quitaban, me robaban, la creencia de que para ganar alguien tenía que perder, la creencia de que todo lo que yo daba lo perdía, la creencia de que Dios prefería a otros más que a mí, de que mis padres prefirieron a otros más que a mí, todos los errores que cometí, todas mis decisiones equivocadas, la renuncia que hice de mi heredad lo dejo en manos de la Expiación para que sea disuelto y deshecho por el Espíritu Santo, sea corregida en mi mente y quede sin consecuencias, sin efectos en mi mente y en la de todos los involucrados, la de mis ancestros, mis parientes, toda la Filiación, toda mi descendencia.

Espíritu Santo hazte cargo de mi mente, sana mi mente, en cada momento en que me equivoqué toma Tú una nueva decisión en favor de Dios por mí, dame una nueva manera de ver esta situación que me dé paz. Renuncio de todo corazón a mis proyectos particulares, a mis planes particulares de hallar prosperidad y felicidad por mi cuenta; renuncio al dinero, a lo que me puede dar el dinero; renuncio a lo que me puede dar el cuerpo de mi pareja; renuncio a lo que me puede dar mi cuerpo, a los beneficios que obtengo del mismo; renuncio al beneficio que obtengo del uso del cuerpo de mis padres; renuncio a los beneficios que me ofrece la fama; renuncio al beneficio que me ofrece el reconocimiento público; renuncio al beneficio que me ofrecen los ídolos que fabriqué. Ahora quiero vivir para Ti Padre amado, solo para servirte a Ti; ahora pongo a Tu disposición mis conocimientos, mi potencial, mis capacidades, mi memoria. Consagro mi memoria a Tu servicio, a Tu plan; consagro mi cuerpo a Tu plan para la salvación, te lo presto; te ofrezco mis manos Jesucristo, mis pies, mi voz, mis oídos, mis ojos todo lo que soy, mi profesión; te ofrezco todas mis propiedades, todo lo que tengo; te ofrezco mis hijos, mis nietos, mis bisnietos; te ofrezco mis parejas, todas mis relaciones; te ofrezco a mis padres, mis ancestros; te ofrezco mi ciudad; te ofrezco mi país, todo lo que tengo, todo lo que sé, todo lo que he aprendido. Todo lo pongo en Tus manos. Jesucristo hazte cargo, entra en mi mente, úsala Tú.

Espíritu Santo quiero ser anfitrión de Dios, rey de mi Reino, quiero ser el gobernador de mi mente, quiero dejar de ser rehén del ego y de los ídolos; del ídolo del dinero. Renuncio a lo que el dinero me aporta. Ahora te quiero servir, dejarme sostener; ahora quiero usar todo mi potencial solo para Ti Padre, para que lo uses para Tus propósitos; quiero cambiar de propósito; elijo cambiar el propósito que le di al cuerpo para que me mantuviera, por el propósito de la vida eterna, por el propósito del amor, por el propósito de la paz, por el propósito de la plenitud, de la dicha, del perdón, por el propósito de la Expiación. Acepto la Expiación para mí mismo, acepto el perdón, agradezco el perdón. Gracias Padre amado, encárgate Tú, Tú me conoces, conoces mis necesidades, satisfazlas por Tu cuenta, Tú sabes lo que me conviene que me dé paz; no quiero cargas económicas, no quiero endeudarme, no quiero hipotecar mi futuro, no quiero pagar por cosas que no necesito y ni quiero; renuncio a trabajar para ganar dinero, para gastarlo en cosas que no necesito. Solo quiero lo que te sirva a Ti. Tú conoces las necesidades que he fabricado mientras permanezco en el tiempo; quiero dejar de apegarme a ellas, pero te dejo a Ti para que las satisfagas; sé que Tú quieres lo mejor para mí; sé que Tú quieres que yo esté cómodo; sé que Tú quieres que expanda Tus enseñanzas; sé que Tú quieres que haga Tu Voluntad. Por eso uno mi Voluntad a la Tuya, para que esté solo a tu servicio, y si caigo en la tentación de querer más de todo lo que ya tengo, rescátame Jesucristo, dame la mano en todo momento, no me dejes caer en la tentación, enséñame a perdonar, a liberar, a liberarme de todos los obstáculos que le impuse a mi prosperidad, al disfrute de mi herencia, al disfrute de mi plenitud.

Tengo la certeza de que todas mis necesidades y la de mis hermanos serán satisfechas. Dame una nueva manera de ver a todos aquellos que en apariencia tienen más que yo. Dame una nueva manera de ver a todos aquellos que en apariencia tienen menos que yo. Te entrego el deseo de poseer, de coleccionar, de acaparar; lo dejo en Tus manos. Me rindo, me rindo, me rindo, me rindo y descanso en Dios, descanso en Tu Amor, en Tu Amor perfecto.

Jesucristo ayúdame, enséñame a llevar a cabo los milagros que tu esperas de mí. Si Tú quieres que yo lo haga lo haré, pero si me dices que no lo haga no lo haré. Quiero obedecer. Elijo obedecer y escuchar una sola Voz, la Voz del Espíritu Santo.

Espíritu Santo háblame hoy si está bien para Ti; estoy dispuesto a escuchar cualquier mensaje que me quieras dar en este momento, una palabra Tuya bastará para sanarme y si lo que estoy haciendo es lo correcto, dame señales en este momento, de la manera que las pueda entender, o dáselas a mis hermanos para que yo las pueda entender.

Hazte presente Espíritu Santo de la manera que podamos entender, quiero seguir el camino de la Luz sin interferencia; estoy dispuesto a perdonar lo que sea con tal de recuperar mi paz, con tal de seguir el camino de la luz. Dame las señales. Si éste es el camino dame las señales que pueda entender. Podemos volver aquí cuando cada quien sienta comodidad y abrir los ojos.

IGC/nm

4. Meditación por Venezuela. 6 al 12 de abril del 2017. V Maestría Ética Retrospectiva. Casa Nazaret. Estado Miranda. Venezuela.

Gracias Padre, venimos a Ti renunciado a todos los actos de soberbia. Se Tú el Guía Espíritu Santo en este momento, por si tenemos algo que pudiera servir para todos nosotros como experiencia. Invoco el Nombre de Dios y el mío propio. Jesucristo me uno a tu mente en este instante santo que se lo ofrezco al Espíritu Santo.

Espíritu Santo, Padre amado, Jesucristo: sé que no puedes quitar mi miedo, pero me puedes llevar a su fuente. A veces no sé a qué, pero tengo miedo al futuro, a lo que pase; tengo miedo de lo que pueda pasar en mi país; tengo miedo de mirar lo que pasan en televisión; tengo miedo de los mensajes que me envían; tengo miedo de que sea cierto, de que se va acabar el mundo, en una guerra, en un conflicto.

Padre amado: no entiendo nada de lo que estoy viendo, de lo que está pasando; ya tengo mucho con mis propios problemas; además con los problemas externos a mí; no tengo idea desde dónde estoy colaborando para que esto pase.

Debo estar equivocado (a), debo estar fabricando esta situación indeseable; veo dos fuerzas opuestas fuera de mí y cada una pidiendo amor; la una a la otra; una por posicionarse de la otra sometiéndola y la otra queriendo someter. Todo esto debe estar en mi mente Padre amado; debo haberme equivocado. Tengo miedo al futuro; tengo miedo de enfermarme, a no poder sostener a mis hijos; tengo miedo a padecer hambre, a que me abandonen, a que me dejen solo o sola; tengo miedo a que otro sufra por mí; tengo miedo a que yo cometa un error y le cause problema a otro o lo arruine por desesperación.

Padre amado: son tantas las cosas de las que me siento angustiado; a veces siento mucha ira, mucha rabia, mucha impotencia, a veces tengo ganas de morirme, de matar; a veces quiero arreglar lo que veo afuera desapareciéndolo a la fuerza; me niego aprender las lecciones que me traen.

Padre amado tengo mucha soberbia, mucha rabia, mucha arrogancia y no sé por qué, esto no puede ser Tu Voluntad. A veces no estoy totalmente feliz, no entiendo nada, no entiendo esta situación.

Padre amado: a veces me molesta escuchar el llanto de otro, sus quejas por su mala situación; a veces hago el esfuerzo por mantener mi soberanía y la de los demás y vuelvo a caer, me dejo engañar fácilmente por lo que veo que falta en mi casa, en mi nevera, en mi cuenta bancaria.

Padre amado: a veces veo el dinero como algo difícil que no llega, que no tengo suficiente; a veces veo a mis hijos, a mis sobrinos, a los hijos que crie con capacidad de perderse en las drogas, es que no quisiera que otro sufriera; a veces he ayudado en vano, he querido ayudar a otros y he fracasado; a veces se han muerto en mis brazos mis amigos, mis hermanos, padres; me siento impotente y he llorado y llorado; no entiendo esta vida Padre amado.

No entiendo cómo pude llegar a este punto de desesperanza, de soledad, de desolación; a veces quiero estar solo y experimentar el abandono; a veces quiero estar acompañado y no tolero a la persona con la cual estoy acompañado, estoy confuso.

Padre amado por favor: tengo pánico de enfermar, de paralizarme, de depender de otro, de vivir a costillas de otro; que me mantenga o que me tenga que dar la comida; de sostener a otro o que yo sea el enfermo y que tenga que depender para ir al baño, para las cosas más básicas; eso me da pena, me da vergüenza Padre pero, tampoco me gusta tener que mantener a otro; a veces veo a los demás como sinvergüenzas y me pesa, me pesa en mi bolsillo, le pesa a mi economía.

Padre amado: no entiendo esta vida loca que llevo, no entiendo Padre amado; y a veces me cuesta sobrevivir en este mundo; a veces siento culpa de tener más que los demás; a veces me siento culpable de que otros no coman y yo sí; a veces me siento culpable de que yo gané más que otro, me parece que es injusto; a veces creo que el injusto eres Tú Padre y, ocultamente te culpo; a veces me resiento contigo porque otros tienen más que yo, tienen más posibilidades que yo, o viven mejor que yo. Hay una disociación en mi mente, por eso la dejo en Tus manos.

Padre amado: no entiendo nada, eso no puede ser Tu Voluntad, tengo que haberme equivocado muchísimas veces en algún momento de mi pasado; yo tengo que haber grabado en mi memoria muchos eventos de dolor y de sufrimiento, que aún están vigentes. Lo veo en la sociedad, lo veo proyectado en la televisión, lo veo en la calle, lo veo en las personas que sufren. Me cuesta reconocer que están en mi mente, que soy el proyector de la película.

Padre amado por favor: si yo dije algo que Tú no hubieses dicho, de mí mismo o de otro, y que aún lo tengo guardado en mi memoria, yo lo quiero recordar; yo quiero acceder a esa información.

Padre amado: si yo he pensado algo de mí mismo o de alguien y eso no lo hubieses pensado Tú; si lo envidié y no lo hubieras envidiado Tú; si me llegué a comparar con otro, si creí que fui mejor que otro, o creí que otros fueron mejores que yo y los desaprobé, yo lo quiero recordar; si yo creí que alguien no valía nada y yo era más valioso o me vi menos valioso que otro, quiero saberlo.

Padre amado consíguelo en mi memoria, quiero que lo traigas a mi conciencia para que pueda ser deshecho. Pero si le hice algo a alguien, que Tú no lo hubieses hecho, si lo castigué, lo condené, lo ataqué o lo ofendí, Padre amado, yo lo quiero reconocer, lo quiero recordar; cualquier situación de la que yo me sienta culpable, tráelo a mi memoria; yo quiero perdonar, estoy dispuesto a perdonar lo que sea con tal de recuperar mi paz.

Si me he comportado sin amor contra una de Tus criaturas, yo lo quiero recordar; si consideré indigno de Tu Amor o de mi amor a alguno de Tus hijos, yo lo quiero recordar: si excluí a alguien o me excluí yo, lo quiero reconocer. Pero, si dejé de hacer algo en el pasado que Tú si lo hubiese hecho y yo no lo hice, lo quiero recordar; si en algún momento debí haber dicho algo que Tú hubieses querido que dijera y no lo hice, lo quiero recordar.

Utilizo la soberanía de mi mente para que sea llevada al momento del pasado donde cometí el error o tomé la decisión equivocada que quedó grabada en mi memoria, para que sea disuelto y deshecho y quede sin efectos y sin consecuencias.

Espíritu Santo por favor: busca en mi mente y halla aquello que me está quitando la paz, aquello que me está generando angustia, que está causando desesperación en mí.

Sana mi mente, permítaseme reconocer el problema para que pueda ser resuelto; sé que me separé de Dios; quiero reconocer dónde reforcé esa separación de mi Fuente; estoy dispuesto a perdonar lo que sea con tal de recuperar mi paz. Haré silencio para facilitar la búsqueda en este instante santo. Espíritu Santo, trae a mi conciencia lo que hice, lo que me toca perdonar en este momento.

SILENCIO (Esperamos lo que el Espíritu Santo traiga a la luz y nos hacemos responsables)

Espíritu Santo todo lo que vino a mi mente, toda la culpa que eché y me eché, mi percepción equivocada de mi país, mi percepción equivocada de papá y mamá, las interpretaciones que hice de papá y mamá, las interpretaciones que hice de mi país, las interpretaciones que hice de la oposición, las interpretaciones que hice del gobierno, el estado de separación que quise ver fuera, la guerra interior que yo tengo, pero que quiero verla fuera, la dejo en manos de la Expiación.

Todos los errores que vinieron a mi mente, todo lo que si hice Espíritu Santo, todos mis actos de soberbia, mi necesidad de compararme, de comparar a mi país con otro y creer que mi país no vale nada, mi creencia que mi país era mejor que otros países, mi creencia de que estamos separados, mi creencia que yo no valía nada y otros valían más, mi creencia que mi moneda no valía nada, mi creencia que otras monedas valían más, mi conflicto interior, mi deseo de seguir viendo conflictos fuera de mí, lo dejo en manos de la Expiación; para que todo sea disuelto y deshecho y quede sin efectos y sin consecuencias en mi mente, en la mente de papá y mamá; en la mente de mis ancestros, mis abuelos maternos, mis abuelos paternos, en mis bisabuelos maternos, en mis bisabuelos paternos, en mis tatarabuelos maternos y tatarabuelos paternos, en mis descendientes, hijos, nietos, bisnietos y tataranietos, en toda mi descendencia; en la mente de todas mis parejas, pretendientes y de aquellas persona que me gustaron; en la mente de mis hermanos, sobrinos, familia política, toda mi familia de crianza, mis maestros, mis alumnos y en la mente de todos los que me fueron enviados y de toda la filiación.

Padre amado, gracias, toda la filiación queda libre ahora del error que cometí y de mis decisiones equivocadas.

Espíritu Santo, toma Tú una nueva decisión en favor de Dios por mí.

Dame una nueva manera de ver a todos los ciudadanos del mundo que me dé paz.

Dame una nueva manera de ver la relación de amor especial entre la oposición y el gobierno que me dé paz.

Hazme reconocer la petición de amor de ambas partes, si hay algo que yo pueda hacer Espíritu Santo házmelo saber.

Jesucristo si Tú me dices que yo lo haga lo haré, y si me dices que no lo haga, no lo haré.

Repetimos 108 veces haciendo uso del Mala: Expiación, Expiación, Expiación......

Gracias Padre, gracias por traer la Expiación a nuestras vidas.

Sana nuestras mentes del conflicto.

Sana nuestras mentes de la separación.

Sana nuestras mentes de la perversión con la cual queremos ver el mundo.

Sana la separación de nuestras mentes, déjame ver una nación unida, déjame ver el amor que hay en Ti.

Nos ponemos del lado del amor. Estamos del lado del amor.

Todos los pecados del gobierno y de la oposición han sido perdonados y, los de cada uno de ellos junto con los de nosotros.

Entre nuestras mentes y la mente de cada hermano opositor o del gobierno no hay separación. Yo estaba equivocado.

Gracias.

Todos tus pecados han sido perdonados y los tuyos junto con los míos.

IGC/nm

5. Ejercicio de Abundancia. 1 de julio 2017. San Felipe. Estado Yaracuy. Venezuela.

Todos cerramos los ojos

Padre amado damos gracias por este taller, gracias por Tu herencia, aceptamos Tu herencia. Por fin estamos de acuerdo en ser Tus herederos. Habíamos renunciado a Tu herencia, quisimos ser amados con un amor especial, pedimos la muerte a cambio y pedimos una voluntad diferente a la Tuya; pero nos equivocamos, hemos pagado un alto precio y nos hemos arruinado; hemos perdido lo más valioso que es nuestra paz interior; nos hemos visto apretados económicamente; nos hemos descubierto culpando a otros, culpando al gobierno, a la oposición, a nuestros empleadores, a nuestros subalternos, a nuestros padres. Pero ahora queremos asumir completa responsabilidad de lo que pedimos para nosotros. Negamos Tu herencia y pedimos escasez, envidiamos, nos hicimos los jueces de lo que le pertenece a otros; no estuvimos de acuerdo con el reparto de las proporciones que vimos con nuestros ojos físicos. Nos dio rabia y resentimiento porque otros pareciera que tuvieran más que uno. Yo quise robarlos, quise privarlos de lo que le pertenece a la fuerza y eso tuvo consecuencias; robé, ocasioné pérdidas, y aunque Tu Hijo no puede perder, pedí perder, y perdí, también me equivoqué. He deseado lo que le pertenece a otro, he codiciado lo que tiene otro, lo he envidiado y he procurado buscar la felicidad por mi cuenta y no la conseguí. Fracasé.

Padre amado gracias por permitirnos estar aquí, en esta institución, Padre amado la economía es muy confusa para mí a veces parece que tengo más y a veces parece que tengo menos; a veces tengo niveles económicos que me mantienen en la cúspide pero no sé cuándo voy a caer o hasta cuándo va a durar. Si tengo mucho, a veces siento culpa porque parece que tuviera lo que le pertenece a otro; a veces pienso que si yo como bien, soy culpable porque otros no están comiendo bien y a veces me veo en la obligación de regalar lo que tengo, de ofrecerlo, porque pienso que otros no tienen; a veces he llegado a pensar que otros tienen lo que me correspondería a mí, y que yo tengo menos gracias a que otros se quedaron con todo; a veces veo mi situación económica precaria, he tenido situaciones donde estoy muy bien, pero va decayendo repentinamente; y a veces he sentido la tentación de mudarme de país, acomodar las cosas a mi gusto, volver a mi comodidad.

Padre amado esta situación que vive el país no me da paz, que otros no tengan no me da paz, que otros tengan que hacer cola no me da paz, prefiero no hacerla, pero a veces me parece que estoy en el lado cómodo y eso me culpa. Padre amado, no entiendo porque de repente cuando estaba bien económicamente volví a caer.

Padre amado eso no puede ser Tu Voluntad, tengo que haberme equivocado. A veces me ha molestado que otros tengan demasiado o más que yo. Padre amado, reconozco que a veces he querido ser el juez de lo que le corresponde a otro. Padre amado no entiendo nada, no entiendo el propósito de nada, no entiendo el porqué de mi situación en particular o la de mis hermanos. Padre amado, a veces he renegado de que Tú me sostienes y que actúes como invisible, he llegado a creer a veces que si no es porque yo trabajo o trabajo duro no pudiera comer; a veces he llegado a creer por tener un poco más tengo que sostener a mi familia o sostener a los que no trabajan.

Padre amado, hay muchas cosas que no entiendo, pero me rindo. No tengo idea del propósito de nada, no tengo idea para que estoy aquí, no tengo idea de lo que Tú quieres conmigo aquí, pero estoy dispuesto a limpiarlo todo, a purificarlo.

Padre amado, quiero que Tú me ayudes a conseguir en mi mente los obstáculos que le he puesto a mi abundancia, a mi prosperidad; pero estoy dispuesto desde hoy a limpiar mi mente, a expiar todos los errores que cometí, todas mis decisiones equivocadas que me muestran este mundo tan injusto donde unos dan y otros pierden, donde unos tienen mucho y otros no tienen nada,

Padre amado, a veces no me siento culpable de tenerlo todo, y me dicen indolente. Padre amado no entiendo el propósito, pero hoy estoy dispuesto a reconocer mis errores, a reconocer mi envidia. Padre amado, no puede ser Tu Voluntad que algún hermano mío en este mundo, padezca de hambre, padezca de escasez, no tenga techo o no tenga recursos suficientes para sostener a su familia, no tenga casa, no tenga trabajo, no tenga con que vestirse; eso no puede ser Tu Voluntad Padre amado; eso tiene que estar únicamente en mi mente y no sé la enseñanza que me trae esta situación o las experiencias que yo tenga que vivir; no entiendo cuál es su propósito.

Padre amado: yo estoy dispuesto a perdonar lo que sea con tal de recuperar mi paz; estoy dispuesto a reconocer cuál es mi labor en este mundo, cuál es mi propósito, para qué es que estoy aquí, para qué te puedo servir; pero estoy dispuesto a limpiar mi mente, absolutamente de cualquier obstáculo que le puse a la paz, que le puse a mi prosperidad, que le puse a mi abundancia.

Padre amado: por favor si yo dije algo en mi pasado que no fue amoroso y que Tu no lo hubieses dicho, lo quiero recordar; o si pensé algo que no fue amoroso de mí mismo o de alguien más, que Tú no lo hubieses pensado, y eso trajo esta situación a mi vida, esto que estoy viendo en Venezuela o a nivel mundial, lo quiero reconocer.

Padre amado: si le hice algo a alguien que Tú no lo hubieses hecho y eso que dije trajo mi situación económica actual o la de mis hermanos lo quiero reconocer; si me comporté sin amor frente a una de tus criaturas quiero recordarlo; si en algún momento de mi pasado fui el juez de lo que le pertenecía al otro y por esa razón lo envidié y me vengué de él, lo quiero reconocer; quiero saber de quién se trata; quiero reconocer qué me negué a mí mismo; ¿cómo fue que me lo negué y en qué momento? Busca en mi mente Espíritu Santo y encuentra esas deudas que tengo de perdón, ese viejo resentimiento que tengo del pasado, con quien sea que haya sido, que no me permite vivir en la abundancia que heredé.

Padre amado, Espíritu Santo: uso la soberanía de mi mente para que sea llevada al momento del pasado donde cometí el error o tomé la decisión equivocada que trajo esta situación a mi vida, que trajo la escasez a mi vida o la escasez al mundo que he percibido. Padre amado quiero reconocer de qué me siento culpable

SILENCIO (Esperamos lo que saque a la superficie el Espíritu Santo y nos hacemos responsables)

No me hice rico como hubiese querido, no tengo todo lo que hubiese querido. El recurso que he tenido económico, así como el tiempo, así como mi cuerpo lo despilfarré; despilfarré mi amor, despilfarré mis conocimientos, no consagré a Tu servicio Padre amado mi vocación, mis conocimientos, mis habilidades, mi memoria; andaba como a la deriva. Pero me equivoqué. Aquí vengo con la cabeza baja reconociendo mi error, mis errores, mis decisiones equivocadas; no sabía lo que hacía, me dejé engañar a sabiendas por mi falsa identidad, por mi deseo de ser especial; creí que era más importante que mis hermanos, que mis amigos, que mis vecinos; a veces me creí inferior, me creí menos, en ambas situaciones me equivoqué.

Espíritu Santo te pido perdón a Ti, le pido perdón a mi familia por ese papel que les asigné para sentirme de esa manera; estaba equivocado, ahora perdono a todas las personas que envidié por lo que no me hicieron, perdono a todas las personas que creí que tenían más que yo por lo que les correspondió; ahora estoy de acuerdo con el todo de lo que me correspondió a mí y le correspondió a ellos; estaba equivocado cuando quería más del todo que ya tenía. Libero a cada persona que creí que me quitó algo, que creí que me robó, que creí que se benefició a costa de mí; los perdono por lo que no me hicieron, los libero porque quiero ser liberado, los perdono porque quiero ser perdonado, o ambos somos inocentes o ambos culpables. Yo elijo liberarlos para siempre. A cada persona que le robé le pido perdón por la pérdida que le causé y por la deuda que adquirí con ellos.

Jesucristo hazte cargo de la culpa que siento por haberme negado a la herencia de Dios, por haberme separado de mi fuente, por haber querido ser el juez de lo que le corresponde a los demás; hazte cargo de la culpa que genera mi envidia, es muy pesada para mí; he estado utilizando el dinero para expiar, para que escasee, para que mis proyectos fracasen y se pongan lentos.

Jesucristo, por favor, hazte cargo de esto. Cada quien escucha cómo Jesucristo le dice ¡Deja todas tus culpas y todos tus pecados en mis manos que Yo puedo con eso!

Espíritu Santo: dejo en manos de la Expiación todos los errores que cometí; dejo en manos de la Expiación la negación que hice de mi heredad; dejo en manos de la Expiación la creencia de que Dios me abandonó y la creencia de que Dios estaba alejado de mí; dejo en manos de la Expiación la fabricación que hice de mis propios ídolos, de mis propias defensas; dejo en manos de la Expiación la creencia de que el dinero era mi salvación, de que la abundancia era mi salvación, de que obtener era mi salvación; dejo en manos de la Expiación la creencia de que si confiaba en los ídolos como el dinero, los cuerpos y la fama, no me iban abandonar.

Espíritu Santo expía por mí, sana mi mente, hazte cargo de todos mis pensamientos equivocados, de todas las interpretaciones que hice del dinero; dejo en manos de la Expiación el mal uso que hice del dinero, el mal uso que hice del tiempo, el mal uso que hice de mis capacidades. Ahora consagro al Espíritu Santo mi profesión, lo que se hacer, lo que amo hacer; mis capacidades, mis habilidades, mis potenciales. Todas mis facultades y mi memoria las consagro al Espíritu Santo.

Espíritu Santo mi negativa para consagrarlo todo, a perdonar, a ver las cosas de otra manera, todos los errores que cometí, mis decisiones equivocadas la dejo en manos de la Expiación, para que todo sea disuelto y deshecho, quede sin consecuencias y sin efectos en mi mente, en la mente de papá y mamá, en la de mis abuelos abuelos, bisabuelos, tatarabuelos, la de todos mis ancestros y de los que ayudaron a mi crianza; en la mente de mis tíos, mi familia política, de mis primos, mis hermanos; en la mente de todas mis parejas, mis hijos, nietos, bisnietos, tataranietos y toda mi descendencia; en la mente de toda la Filiación.

Espíritu Santo dame una nueva manera de verme a mí mismo que me dé paz, sana mi mente, des-haz mi resistencia a perdonar, Espíritu Santo dame las señales; hazme saber qué es lo correcto de cómo administrar el dinero que Tú me envías, lo que se me da; de la manera que sirva a Tu plan y satisfaga las necesidades que yo inventé en este mundo mientras yo crea que las tenga, mientras dejan de tener valor para mí.

Espíritu Santo en cada momento que me equivoqué toma Tú una nueva decisión en favor de Dios por mí. Permíteme recordar que todos los errores de mis hermanos han sido perdonados junto con los míos. Gracias Espíritu Santo. Miramos a los hermanos y les damos las gracias.

IGC/nm

6. Economía. 9 de julio del 2017. Seminario de la economía de la escasez a la Economía de la Abundancia. Maracaibo. Estado Zulia. Venezuela.

Este seminario surge de la promesa que en un sueño le hiciera Jesucristo a Helen Shucman antes de iniciarse el dictado de *Un Curso de Milagros*. Él le dijo: Yo te llevaré de una economía de escasez a una economía de abundancia. Por supuesto, que a ella le asustó porque creyó que todos vestirían igual.

La economía de la escasez no nos da paz. De una u otra manera todos los que estamos aquí en algún momento hemos experimentado escasez y a veces abundancia; hemos ganado mucho dinero y se va con la misma facilidad; a veces hemos tenido dinero y no hayamos que hacer con él; a veces hemos dado prestado y nos hemos decepcionado porque no nos han pagado; a veces nos hemos visto en la penosa necesidad de pedir prestado y no entendemos el propósito de la experiencia de escasez. Tenemos que mirar todos los obstáculos que le pusimos a nuestra abundancia natural.

Ejercicio: Pido para cada uno de nuestros hermanos un instante santo, no conocemos el propósito de nada, pero venimos a rendirnos, Padre amado gracias por este taller, por todo lo que nos diste, por todo lo que aprendimos, Padre amado gracias, me voy con muchas dudas, hay cosas que no entendí, hay cosas de las que no entiendo su propósito, estaba tan cómodo con mi pelazón (limitación), comiéndomelo todo, que ponerme a trabajar me da pereza.

Padre amado: yo requiero las señales en los próximos días. Si éste es el camino correcto para entrenarme en la distribución del dinero y de los recursos que me son enviados para sustentarme y llevar a cabo el plan de Dios para salvación, házmelo saber con señales, facilítamelo. Yo al menos estoy dispuesto a estar dispuesto a poner una pequeña dosis de mi buena voluntad.

Hazte cargo de mi economía Espíritu Santo. Me parece insólito e increíble que yo pudiera pasar de la economía de la escasez a la economía de la abundancia. Tengo mucho miedo a servirte a Ti. Siempre he creído que sería un tonto, que lo perdería todo, que pagaría con la muerte si me pongo a tu servicio. He asociado Padre amado Tu Amor con la muerte; pienso que el precio es muy alto para servirte a Ti. Pero estoy dispuesto a probar otra cosa, a conocer otro camino, a cambiar la vieja estructura de mi mente; estoy dispuesto a revisar mi mente; todos mis conceptos de la economía quiero revisarlos con tu ayuda. ¿Qué envidié? ¿A quién envidié? ¿Qué es eso demás que deseo, del todo que ya yo tengo? Necesito las señales, necesito saber qué debo perdonar, ¿de qué me siento culpable? He usado mis recursos económicos para malversarlos, para mal distribuirlos y no me han rendido para otras cosas que si deseo, como invertir y crecer; para tener un vehículo nuevo, una casa en buen estado acorde a mi necesidad y a la de mi familia, para mi sustento personal, para mis propios lujos, para mis caprichos, para ayudar a otros.

Padre amado: no he hecho una buena distribución, creí que el dinero me hacía falta para comer o para movilizarme, para pocas cosas, pero yo quiero y acepto que intervengas mi mente, te invito Jesucristo a que te metas en mi mente, la revises y halles todos los obstáculos que yo le puse a mi herencia, a disfrutar plenamente de lo que Dios dispuso para mí y para los demás; quiero superar mi odio y mi envidia a lo que les corresponde a otros; quiero darme cuenta de mi error.

Padre amado por favor: no me da paz mi situación económica; a veces he llegado a pensar que estoy bien, que lo tengo todo, que no me hace falta nada; pero de repente me siento apretado y no me rinde; me desespero por algo que me deben; me da pena poner un precio a mi servicio, me da mucha culpa; me molesta que otros ganen más que yo, le digo enchufado a todo el que trabaje para el gobierno o gane demás; no estoy de acuerdo con muchas cosas, eso implica que yo te condene a Ti Padre amado, cuando no es más que una supuesta mala distribución de los recursos de mi parte. Ahora estoy dispuesto a reconocer mi responsabilidad en esta experiencia de carencia y de la situación que veo en el país.

Padre amado: mi carencia jamás podrá ser Tu Voluntad. Padre amado: la escasez aparente de Venezuela jamás podrá ser Tu Voluntad, la culpa de aquellos que me depredan, la culpa que veo en los que tienen más que yo, no puede ser Tu Voluntad, yo tengo que haberme equivocado.

Solo si es Tu Voluntad Dios Padre amado, quiero recordar aquello de mi pasado que aún me falta por perdonar y que limita mi abundancia. Si algo dije en mi pasado que Tú no hubieses dicho y trajo a mi vida esta experiencia de escasez, yo lo quiero reconocer; pero si pensé algo de mí mismo o de alguien, bien sea de los gobernantes o de los opositores, de mis amistades, de los ricos o de los pobres, yo lo quiero reconocer; pero si le hice algo a alguien o le robé, o le quité o le privé de lo que le pertenecía, o cooperé con otro para generarle pérdidas a un hermano, o quise hacer justicia por mi cuenta y alguien perdió, que Tu no lo hubieses hecho, yo lo quiero reconocer. Quiero reconocer de qué me siento culpable.

Uso la soberanía de mi mente para que sea llevada al momento del pasado donde pedí una situación así. Ya me han venido muchas cosas, pero si hay una en especial que aún esté oculta, yo quiero Espíritu Santo que busques en mi mente y halles aquel error que cometí, aquella decisión equivocada que trajo esta situación a mi vida, donde yo deseé el dinero por lo que pueda obtener de él; aquello que trajo esta situación que no me permite renunciar al dios del dinero; o que trajo esta situación de aparente escasez donde no me alcanza el dinero. Yo estoy dispuesto a perdonar lo que sea con tal de recuperar mi paz.

Permítaseme reconocer el problema para que pueda ser resuelto, haré silencio y abriré mi mente para que Tu Jesucristo entres en ella, Tu Espíritu Santo busques y halles:

SILENCIO (Esperamos lo que traiga a la luz el Espíritu Santo y nos hacemos responsables)

Espíritu Santo gracias por aquello que pudo haberme venido o le vino a mis hermanos. Y si no me vino nada te doy las gracias, pero de nuevo confirmo mi disposición, mi buena voluntad de que busques en mi mente y halles mi falta de perdón y mi culpa. Pero aquello que vino hoy, lo que haya sido, lo que hayas envidiado, lo que haya robado, lo que haya hecho o dicho o pensado que fue sin amor yo me hago responsable plenamente. Reconozco que yo quise, y me valí de los demás para generar una situación así; yo me equivoqué, me dejé engañar a sabiendas por mi falsa identidad, por mi deseo de ser especial; pero no era yo. Por eso te pido perdón Espíritu Santo y les pido perdón a las personas que involucré y a todas las personas a las que les robé; les pido perdón por aquello que hay en mí que las estafó, que les ocasionó pérdidas; yo no sabía lo que hacía, no sabía las consecuencias, no sabía que pedía un trato igual.

Visualizamos a cada persona que vino a nuestras mentes y de decimos: Queridos hermanos que se vieron afectados por mi envidia, por mi robo, por mi maldad, por mi venganza: los perdono por jamás haber inspirado culpa en mi o mal en mí, si pareció así, yo quise; y me equivoqué. Y a cada uno por el cual sentí envidia les deseo ahora más de todo aquello que les envidié.

Queridos hermanos, queridas personas que robé, queridas personas que usé para que me robaran, para que me estafaran, a todas y a todos ustedes que vinieron a mi mente: ahora los quiero liberar porque quiero ser liberado, los quiero perdonar porque quiero ser perdonado, o ambos somos inocentes o ambos culpables, elijo liberarlos para siempre, quitarles la corona de espinas que les puse en la frente y bajarlos de la cruz donde los clavé. Visualizamos la acción de bajarlos de la Cruz.

Visualizamos a Jesucristo y le decimos: la culpa que sentí por lo que hice, dije o pensé, por todo lo que estafé y robé, por toda mi venganza, por toda la maldad, por todo el daño, lo dejo en Tus manos Jesucristo. Tú puedes con eso hazte cargo. Y Jesucristo nos dice: Deja toda tu culpa conmigo. Es el regalo que estaba esperando de ti. Tú sigues siendo tal y como Dios te creó. Y le decimos: Gracias.

Espíritu Santo: ahora libre de la cruz y en paz, sin corona de espinas dejo en manos de la Expiación todo lo que conseguí; aquello de lo que soy responsable, todo lo que robé, todo los juicios que hice de los que me robaron, todo lo que envidié, todo lo que quise que me robaran. Mi deseo de ser el juez de lo que le pertenecía al otro lo dejo en manos de la Expiación. Expía por mi Espíritu Santo, sana mi mente, sana mi deseo de pagar con dinero por las culpas que llevo, por los pecados que creí que cometí. También dejo en manos de la Expiación, mi necesidad de pagar un alto precio, de arruinarme, de pasar por la desesperación de no tener dinero con que pagar las deudas que generé para auto castigarme. Las deudas que he adquirido con las tarjetas de crédito para someterme las dejo en manos de la Expiación. Los límites que fabriqué para auto condenarme, todo aquello que le negué a mis hermanos, todo aquello de lo que me apropié, todo aquello que juzgué porque no estuve de acuerdo con lo que le correspondía a los otros lo dejo en manos de la Expiación.

Todos mis errores, mis decisiones equivocadas, la creencia de que si le servía al Espíritu Santo significaba la muerte, la creencia de que Dios me iba a dejar sin nada, lo dejo en manos de la Expiación, para que todo sea deshecho y disuelto y quede sin consecuencias y sin efectos en mi mente y en la mente de todos los involucrados, en la de todos los que me robaron, en la de todos los que robé, en la de todos aquellos que les ocasioné pérdidas, que envidié y les hice daño; en la mente de papá, mamá y todos mis ancestros; en la mente de mis hijos, nietos, bisnietos, tataranietos y toda mi descendencia; en la mente de toda mi familia, en la de todas mis parejas; en la mente de toda la Filiación y en la mente de todos los que estamos aquí.

Espíritu Santo en cada circunstancia que me equivoqué, que envidié, que robé, o condené al que me robó, que desprecié el dinero, o juzgué lo que le correspondía al otro: toma Tú una nueva decisión en favor de Dios por mí, dame una nueva manera de verme a mí mismo que me dé paz, dame una nueva manera de ver a mis hermanos que me dé paz, dame una nueva manera de ver lo que le corresponde a los otros que me dé paz.

Padre amado: si hay una palabra que Tú quieres que yo recuerde de este seminario y es clave para mi proceso, para mi entrega a la Expiación del Espíritu Santo, para mi economía al servicio de Tu plan, hazme escucharla. Trae a mi mente una palabra que sirva para mí y que me sirva de señal de que estoy en lo correcto. Hacemos silencio.

Abrimos los ojos en gratitud y a cada hermano que miremos le decimos: "Todos tus pecados han sido perdonados y los tuyos junto con los míos" IGC/nm

7. Anécdota. 11 de julio de 2017. Círculo de lectura *Un Curso de Milagros* Carora. Estado Lara. Venezuela.

Hay que agradecerle a Antonio Salvador Uccello Nieves (Nino), porque yo creo que por su culpa se dio lo de la psicoterapia asistida, jajaja. Según Nino, con él fue la primera vez. Yo estoy dudoso, y pienso que antes que Nino, fue con Freddy Carrasco, en el 2004 cuando yo no tenía el grupo estudios, el cual comenzó en el 2008. No lo anoté, porque no soy adivino, y no sabía que la psicoterapia asistida tendría alguna vez algún impacto y la importancia que tiene ahora. Pareció fortuito, nacido de mis ganas de ayudar, como siempre le decía Rosa María Wynn a Lisbeth Palmar cuando me acusaba de mis travesuras: "Ignacio lo que quiere es ayudar, deja que lo haga". Yo aprendí a hacer la psicoterapia para mí mismo en la primera encerrona o desierto de 24 horas con Rosa María en el 2004. En ese momento no estaba publicado el anexo de la psicoterapia del curso, pero nos dio y leyó una primera copia, que aún conservo, siendo su lectura un poco pesada. La psicoterapia la conocí desde el primer momento en que ella trabajaba con su traducción.

Integrantes del grupo de estudios de *Un Curso de Milagros* de Carora, con Rosa María Wynn en la ciudad de Maracaibo, en 2007.

Crudo ejemplo ilustrativo: Viene Enzo quejándose crudamente: Verga, esa coño de madre Petra no la aguanto, me está jodiendo, esa sinvergüenza que cada vez que me ve en la mañana, etc., etc., etc. Petra es su esposa. O por ejemplo: y es que mi papá......, y luego de completar el desahogo, se inicia la psicoterapia con esta situación, como si fuese para mí. Eso dio origen a la psicoterapia asistida, y permitió a su vez que otro también la puede hacer.

Entonces, no sé si será culpa de Nino Uccello, de Raymundo Vegas o de Freddy Carrasco, no sé si en esa época estaba viva Nelly Guerra. A esos primeros que yo les hice psicoterapia, ahora están poco a poco expandiéndose a nivel mundial. Que haya salido de Carora, se haya expandido de Venezuela a España a través de José Luis Molina Millán y a otras latitudes a través de mis hermanos, maestros y alumnos; es un gozo para mí. Ellos contarán sus historias y se los agradezco, pero hay que reconocerles a ellos el haber confiado en esta locura. Gracias a ellos, a su búsqueda, a su deseo de sanar la mente, puede la humanidad beneficiarse de algo novedoso y grandioso. Cada quien está haciendo su papel, aunque sea el papel de pendejo pero lo está haciendo. Agradezco también el servicio gratuito que me ha brindado Nino mi aprendiz.

El próximo taller será en el Hotel Moruco, vía Mérida, ese fue el último sitio a donde viajamos con mi papá, aún no había nacido Carlos José, mi hermano menor.

IGC/nm

8. Los Ídolos. 11 de julio de 2017. Círculo de lectura *Un Curso de Milagros* Carora. Estado Lara. Venezuela

Cerramos los ojos
Padre amado, gracias por este día, yo ofrezco el instante santo del Espíritu Santo.

Padre amado, quiero trabajar el ídolo. Leímos el capítulo del anti-Cristo [Capítulo 29, Sección VIII del libro *Un Curso de Milagros*] y hemos podido reconocer que hemos adorado ídolos. Hemos convertido en ídolos a nuestros hermanos, nuestras parejas, a nuestros padres, al cuerpo de otras personas; hemos convertido en ídolos algunas situaciones, algunas cosas, algunos seres vivientes.

Hemos convertido en ídolos algunos derechos que creemos que tenemos o que merecemos. Hay muchas cosas que hemos convertido en ídolos y nos han abandonado, hemos convertido en ídolo al dinero, al reconocimiento, a nuestro cuerpo, y cuando lo vemos que falla sufrimos, nos preocupamos y lo culpamos. Padre amado, eso nos va traer dolor y sufrimiento y la muerte; hoy lo leímos.

Padre amado, pero nos hemos equivocado, hemos ido en pos de ídolos. No pudo jamás ser Tu Voluntad que yo viviera de ídolos, que yo me arrodillara ante los ídolos, que yo quisiera convertir la sexualidad en ídolo, o el dinero en ídolo, o la enfermedad en ídolo, o los cuerpos en ídolos. Yo tengo que haberme equivocado Padre amado, y no sé cómo salir de esta situación, no entiendo el propósito de nada y quiero Tu interpretación Espíritu Santo.

Padre amado, si yo cometí un error en el pasado, o tomé una decisión equivocada que me llevó a fabricar ídolos lo quiero reconocer, quiero tener un atisbo de mi especialismo, quiero reconocer qué es aquello que me hace tan especial que necesito que un ídolo me lo dé; necesito saber ¿Qué es eso de lo que yo carezco? ¿Qué es eso que creo que otro me lo pueda dar? Lo quiero reconocer. ¿De qué manera percibí mi falta de felicidad, que creo que la tengo que buscar afuera?

Padre amado por favor, si yo dije algo, o pensé algo o hice algo que Tú no hubieses dicho, no hubieses pensado o hecho y me llevó a fabricar un ídolo, lo quiero reconocer; yo quiero reconocer aquello que me hace sentir culpable y que la presencia de un ídolo me lo alivia.

Padre amado por favor, uso la soberanía de mi mente para que sea llevada al momento de mi pasado donde cometí el error o tomé la decisión equivocada que me llevó a fabricar ídolos; yo quiero reconocer de qué me siento culpable; lo que sea Padre amado; el ídolo que fabriqué lo quiero reconocer; quiero saber qué me separa de ti, qué me separa del hermano, no entiendo el propósito de nada pero si quiero aprovechar el momento para descubrirlo.

SILENCIO (Esperamos lo que halle en nuestra memoria el Espíritu Santo y nos hacemos responsables)

Espíritu Santo gracias por lo que le trajiste a mis hermanos, por lo que me trajiste a mí; aún estoy abierto a reconocer mis ídolos, me cuesta reconocerlos. Lo que sí es cierto es que cada ídolo que fabriqué me alejó de ti Padre, me entretuvo, preferí a los ídolos que a Ti, preferí los ídolos que el Reino de los Cielos, los usé como medio de protección de la sanación, los usé como una defensa para impedir reconocer la verdad y retornar al Cielo de mi paz interior; los usé para perder mi paz, para garantizar sufrimiento, los usé para vengarme; tuve creencias de que estaba abandonado y solo, creí que los ídolos me salvarían; tuve creencias de que podía ser feliz aquí y algo me lo podía aportar y valoré a mis hermanos de una manera diferente a como Tú los hubieses valorado Padre amado; les asigné a ellos un papel que debían representar para mí y también a muchas situaciones, a mi cuerpo, a mis relaciones de pareja; y cuando parecieron fracasar me molesté, me dolió, me dio rabia y me entretuve mentalmente.

Padre amado, Espíritu Santo me equivoqué, no sabía lo que hacía, no sabía que el ídolo me alejaba de Ti, me separaba de Ti y de mis hermanos. Se me olvidó que Tú tenías un solo Hijo, un único Hijo, pero yo quise más de todo lo que ya tenía, quise más especialismo, más amor; hice un pacto con el ego, con el anticristo y me dio lo que yo creía que quería, pero ya no lo quiero Padre, yo me equivoqué; yo renuncio a mi deseo de aquello que me ofrece el ídolo, de aquello que puedo obtener de los ídolos, de aquello que puedo obtener con el dinero, de aquello que yo puedo obtener con mi cuerpo o con mi profesión, con mis relaciones o con la enfermedad; yo renuncio plenamente a todo lo que me ofrecen mis ídolos.

Padre amado, necesito de Tu ayuda y la de Jesucristo para abandonar aquellos ídolos que creí que me protegían, que me daban seguridad, que me daban comodidad, que me daban confort.

Espíritu Santo me equivoqué, no era yo. Me he dejado engañar todo este tiempo por los ídolos que fabriqué, me traicionaron, me mintieron, me fallaron, me abandonaron; pero el equivocado fui yo. Perdono a mi pareja por el ídolo que jamás fue; perdono a mis hijos por el ídolo que jamás fue la Voluntad de Dios que representaran para mí; perdono a mis padres por el ídolo que hice de ellos y los libero de su idolatría porque me libero a mí mismo; y me perdono a mí mismo por haber pretendido ser el ídolo de otros. O ambos somos inocentes o ambos somos culpables, elijo liberarlos para siempre.

Visualizamos a Jesucristo y le decimos: Jesucristo dejo en Tus manos el ídolo que fabriqué y la culpa que siento por haber convertido a mis padres, a mi pareja, a mis hijos, a mis descendientes, a todas las situaciones que viví, al gobierno y a la oposición en ídolos; también la culpa que siento por haber convertido mi cuerpo en un ídolo y por haber convertido la enfermedad en un ídolo.

Jesucristo, la culpa que siento por haber invertido tiempo, recursos y dinero en los ídolos de la enfermedad lo dejo en Tus manos. Jesucristo hazte cargo de esa culpa que es muy pesada para mí. Recibe esta culpa a cambio de Tu Amor.

Y todos escuchamos que Jesucristo nos dice: "Deja tu culpa conmigo, yo puedo con eso, tú eres libre e inocente".

Y le respondemos: Gracias Jesucristo.

Espíritu Santo mi necesidad de ídolos la dejo en manos de la Expiación; la fabricación que hice de situaciones, acontecimientos, de cuerpos que me sirvieran de ídolos, la creencia que mis padres eran ídolos que merecían mi venganza cuando me fallaban, la necesidad de convertir a mis parejas en ídolos de barro y negar la verdad en ellas, la necesidad que tuve de convertir a mis hijos y mi descendencia en ídolos que se pueden ir en cualquier momento, causarme dolor o sufrimiento, la dejo en manos de la Expiación. La necesidad de hacer de la enfermedad en un ídolo, la necesidad de invertir en la enfermedad tiempo y dinero, la dejo en manos de la Expiación. La necesidad que tuve de convertir mi cuerpo en un ídolo y someterlo a mis leyes la dejo en manos de la Expiación. Gracias Padre amado.

Espíritu Santo, expía por mí todos los ídolos que vinieron a mi mente. Todos lo dejo en manos de la Expiación para que sean disueltos y deshechos y queden sin consecuencias y sin efectos en mi mente, en la mente de papá y de mamá y en la de todos nuestros ancestros; en la mente de nuestros hijos, de nuestras parejas y de toda nuestra descendencia, en la mente de todos los que estamos aquí, de todas nuestras familias, de nuestros amigos, de todos los venezolanos, de todas las personas y seres vivos que pueblan este planeta y de todo el Universo.

Espíritu Santo dame una nueva manera de verme a mí mismo que me de paz, muéstrame la verdad que está más allá del ídolo que fabriqué en cada uno de mis hermanos, en cada uno de mis hijos, en cada una de mis parejas, en cada uno de mis padres y en cada hermano que me convertió en su ídolo.

Espíritu Santo en aquel momento en que necesite de ídolos toma Tú una nueva decisión en favor de Dios por mí. La necesidad que tuve de convertir al Presidente en un ídolo o a los candidatos de la oposición en ídolos; la necesidad que tuve de convertir al gobierno en un ídolo, de convertir a la oposición en un ídolo, de convertir el conflicto en un ídolo, de convertir el comunismo en un ídolo o de convertir la democracia en un ídolo, la dejo en Tus manos Espíritu Santo, expíala por mí, para que sea disuelta mi necesidad y deshecha, y quede sin consecuencias y sin efectos en mi mente, en la mente de toda la filiación, en la mente de todas personas que son afectas al gobierno, en la mente de aquellos que son de la oposición y en la mente de los que no les gusta ningún lado. Jesucristo: métete en mi mente y dale muerte a todos los ídolos que fabriqué, para que alboree la verdad en mi mente.

Espíritu Santo sana mi mente, sana mi mente. Corrige mis errores. Deshaz mis idolatrías porque que mi seguridad reside en ti. Enséñame cómo reconocer que mi seguridad se encuentra en Ti, en Dios mi Padre, en Jesucristo. Renuncio a buscar la seguridad externamente. Yo quiero reconocer el Altar de Dios en mi mente. Yo quiero tener experiencias en este momento del Amor de Dios, saber que estoy en el camino correcto, que estoy en la paz.

Mirándonos a los ojos repetimos: todos tus pecados han sido perdonados y los tuyos junto con los míos.

IGC/nm

9. Economía. 20 de agosto 2017.
Taller de la economía de la escasez a la Economía de la Abundancia.
Ciudad de Trujillo. Estado Trujillo. Venezuela.

Solo en el instante santo el Espíritu obra y puede buscar en mi mente cualquier cosa que esté pendiente por sanar.

Cerramos los ojos y aquí no tenemos que hacer esfuerzo por respirar, sino notar que el cuerpo respira sin ningún esfuerzo.

Y cada quien toma la mano de Jesús, une su mente a la de Jesús y decimos todos en voz alta:

Jesucristo mira conmigo desde arriba el campo de batalla, mira conmigo mi cuerpo. Mientras tenga los ojos cerrados mira conmigo desde arriba la posición de mi pie derecho, y la del izquierdo, mira conmigo como tengo las piernas y siente conmigo el contacto con la silla, experimenta conmigo como el cuerpo respira sin esfuerzo.

Padre amado, me cuesta creer que Tú me vas a sostener sin esfuerzo, que respires por mí, inhales y exhales por mí. Gracias Padre. Me observo tomado de la mano de Jesús mis parpados, mi pelo, la posición de los brazos, lo que tocan; observo cualquier sensación corporal, cualquier síntoma, solo observo; observo los ruidos que entran por mis oídos; observo la temperatura de mi piel; observo los olores que entran por mi nariz. Ofrezco el instante santo al hermano que el Espíritu Santo me enviará en este momento. Querido hermano te ofrezco el instante santo del Espíritu Santo, te ofrezco todas las intenciones de este seminario que sirva para tu despertar, que sirva para la sanación de tu mente, gracias Santo hermano por acudir a mí, te bendigo, te amo.

Ahora hago como si subiera la cabeza con los ojos cerrados como si estuviera mirando hacia el Cielo y digo: Padre amado tengo tanto miedo de ahorrar dinero, tengo tanto miedo de la devaluación, de que me roben, tengo tanto miedo de ser la víctima, me cuesta creer que me lo vas a dar todo.

Me cuesta creer que tengo un papel que desempeñar en Tu plan, me he sentido tan inmerecedor porque me he creído pecador, he pensado que no merezco la herencia de Dios, que lo mejor sería morir; he tenido miedo a la ruina, he querido tener dinero solo por lo que se puede lograr con él, he convertido el dinero en un ídolo y a veces me abandona y he hecho planes por mi cuenta para ser feliz y he fracasado.

He tenido tantas enseñanzas y tantas experiencias indeseables en mi relación con el dinero que tengo mucho miedo a que se vuelvan a repetir las ruinas de la familia, los fracasos de papá, mis propias desavenencias económicas. Padre amado a veces culpo al gobierno, a la oposición o a la guerra económica. He querido proyectar fuera de mí la responsabilidad de mi conflicto con el dinero, Padre amado no puede ser Tu Voluntad el que yo viva en escasez. Tengo que haberme equivocado en algún momento de mi pasado porque no es Tu Voluntad que sea infeliz, que padezca de carencias, que no consiga las cosas básicas, que no pueda viajar cómodamente, que mis hermanos no lo puedan hacer, que no pueda comer lo que me gusta, o no pueda dar como me encantaría dar.

Padre amado, reconozco que he hecho una mala inversión de mi dinero, he malversado el recurso, he llegado a creer que a veces no me rinde, he llegado a pensar que a veces Tú me humillas, que Tú eres un administrador injusto, que le diste a otros lo que me corresponde a mí. Cuando me tocó a mí, me sentí muy culpable de que otros no tuvieran y yo sí. Padre amado tengo miedo de Tu Amor, tengo miedo de Tu abundancia, me asusta Tu abundancia, me da miedo con los demás y me da culpa tener más.

Padre amado, desprecié tu herencia y luego quise tener más, quise procurármelo por mi cuenta y fracasé, no fui del todo próspero, no fui del todo feliz, pero tengo que haberme equivocado.

Creo que me envidian, Padre amado a veces tengo conflicto con el dinero, a veces creo que escasea, a veces quiero acaparar, a veces se me va todo en comida o en los hijos, Padre amado no tengo una buena administración del recurso aunque no me falta nada, al final vivo periodos de angustia, a veces no tengo certeza de que pueda cubrir mis gastos básicos.

Padre amado si en algún momento de mi pasado dije algo, de mí mismo o de alguien que Tú no lo hubieses dicho y que no fue amoroso, lo quiero reconocer y recordar con señales Padre amado.

Padre amado, si envidié a alguien que no lo recordé ayer o me resentí por lo que le correspondió, lo quiero reconocer; si me vengué de alguien, lo condené o lo juzgué por lo que le tocó o por lo que me quitó, tráelo a mi memoria Padre amado, quiero recordar aquella persona con la cual aún me siento culpable.

Espíritu Santo uso la soberanía de mi mente para que sea llevada al momento del pasado donde cometí el error o tomé la decisión equivocada que trajo como consecuencia el que perdiera la paz, que limitara mis ingresos, que me lo comiera todo.

Padre amado quiero reconocer todas aquellas creencias que no me permiten vivir según Tu Voluntad en paz, cómodamente y sin miedo. Por favor Padre amado, Espíritu Santo busca y encuentra en mi mente todos los errores que cometí, toda la culpa que sentí, todo lo que esté pendiente por perdonar; si hay un obstáculo que yo le impuse al amor o le impuse a mi prosperidad lo quiero recordar; quiero reconocer de qué me siento culpable, estoy dispuesto a perdonar lo que sea con tal de recuperar mi paz; quiero una oportunidad de volver a elegir. Haré silencio para que el Espíritu Santo busque en mi mente.

SILENCIO (Esperamos lo que busque y halle el Espíritu Santo en nuestra memoria y nos hacemos responsables)

Espíritu Santo, Padre amado gracias por aquellas personas que llegaron a mi mente, a mi recuerdo. Asumo la responsabilidad de lo que hice, de lo que dije, de lo que pensé. Me hago responsable, si lo hice. Y le digo "Sí" a las consecuencias. Espíritu Santo y si no me vino nada estoy abierto a recordar. En todas las circunstancias que vinieron yo no sabía lo que hacía, me había dejado engañar a sabiendas por mi falsa identidad y por mi deseo de ser especial. Quise ser mejor que los otros y me arrogué el derecho de ser el juez de los otros y de mis hermanos; quise tener más de todo lo que ya tenía y envidié, robé, y me creí un perdedor, creí que los demás ganaban a costa de mi pérdida. Pero en todas las circunstancias, en todo lo que me vino me equivoqué, Agradezco que sólo fue una equivocación, no sabía lo que hacía y sus consecuencias. Me equivoqué querido hermano o hermana, te pido perdón por aquello que hay en mí que hizo lo que hizo. Y cada quien pide perdón por lo que consideró que hizo, por lo que vio, por aquello que hay en sí mismo que provocó la situación.

Santo hermano o hermana te perdono la culpa que jamás tuviste, de que yo me sintiera culpable; te perdono por lo que jamás me quitaste; te perdono por jamás haber sido mi rival; te perdono por todo lo que jamás pensé que eras. Te libero porque quiero ser liberado, te perdono porque quiero ser perdonado, o ambos somos inocentes o ambos culpables. Elijo liberarte y liberar a cada una de las personas que vino a mi mente para siempre.

Visualizamos a Jesucristo y le decimos: Jesucristo hazte cargo de esta culpa que he llevado desde el pasado por lo que dije, pensé o hice; por favor, que es muy pesada para mí.

Y Jesucristo nos dice: deja la culpa conmigo, tú eres libre e inocente y, aun sigues siendo tal y como Dios te creó. Le contestamos: Gracias Jesucristo.

Espíritu Santo en paz vengo a Ti a rectificar, a revocar lo que dije, lo que pensé, lo que le hice sentir a los demás. Vengo a deponer mis armas, a renunciar al contra ataque, a mi venganza. Dejo en manos de la Expiación aquello que hice o dije o pensé, aquello que trajiste a mi mente. Aquella deuda pendiente la dejo en manos de la Expiación. Todo lo que vino a mi recuerdo, la manera como lo hice, como lo dije o como lo pensé, lo dejo en manos de la Expiación. La culpa que sentí, la enemistad que planteé, mi propia venganza, mi deseo de hacer justicia por mi cuenta la dejo en manos de la Expiación. Mi creencia de que había perdido a costa de la ganancia de otro la dejo en manos de la Expiación. El miedo que tengo a tener dinero en efectivo, a tener dinero en el banco, lo dejo en manos de la Expiación. El terror que tengo de tener dinero para dar a quien me pida lo dejo en manos de la Expiación. La mezquindad que tengo la dejo en manos de la Expiación, La necesidad de controlar los recursos y de administrarlos por mi cuenta, la necesidad que tuve de acaparar, de malversar, la dejo en manos de la Expiación. La necesidad que tuve de robar, de aventajar a los demás, de echarles adelante, la dejo en manos de la Expiación.

La necesidad de parecer mejor hijo que los demás, de creer que era más rico que los demás o más generoso que los demás, la dejo en manos de la Expiación. La necesidad de "expiar" con mi dinero a través de enfermedades, la dejo en manos de la Expiación. Todos los errores que cometí, mis decisiones equivocadas, la creencia de que era imposible ahorrar o entrenarme para servirle a Dios la dejo en manos de la Expiación. El propósito personal que tenía con el dinero, los límites que me impuse, las carencias a que me sometí, los dejo en manos de la Expiación, La creencia de que el dinero se iba acabar, que me iba a empobrecer, que me iba arruinar la dejo en manos de la Expiación.

La creencia de que yo era culpable de tener más que otros, las ambiciones que he tenido, todos los proyectos que hecho por mi propia cuenta para enriquecerme, para mejorar mi vida y empeorar la de otros, las dejo en manos de la Expiación. Para que todo sea disuelto y deshecho y quede sin consecuencias y sin efectos en mi mente, en la de papá y mamá, en la de todos mis ancestros, toda mi familia política, mis tíos, mis primos, mis hermanos, mis sobrinos, mis hijos, mis nietos, mis bisnietos, mis tataranietos y toda mi descendencia.

Espíritu Santo dame una nueva manera de ver el dinero que me dé paz; dame una nueva manera de verme a mí mismo que me dé paz; dame una nueva manera de ver mi situación económica que me dé paz: dame una nueva manera de ver la moneda que me dé paz. En aquellos momentos que me equivoqué, que rivalicé, que competí y envidié, que hice lo que hice, que dije lo que dije y pensé lo que pensé: toma Tú Espíritu Santo una nueva decisión en favor de Dios por mí.

Expiación. Expiación. Expiación. Expiación. Expiación. …..……. 108 veces, con el Mala.

Y nos decimos entre todos: todos tus pecados han sido perdonados y los tuyos junto con los míos.

IGC/nm

10. La Mentalidad Abierta. 25 de febrero del 2018. San Felipe. Estado Yaracuy. Venezuela.

Vamos a convertirnos en observadores de como el aire entra y sale sin esfuerzo. Mientras lo noto observo el movimiento de los dedos gordos de los pies, el contacto del cuerpo con la silla, con la camisa, con los pantalones, la ropa interior; siento como se mueve el cuerpo. El estado de meditación no tiene que ser de una manera estática, se pueden mover, acomodarse en la silla con los ojos cerrados y estirarse un poquito; pueden bostezar, seguir notando que el cuerpo respira sin dificultad, sin que se haga ningún esfuerzo en meter aire en los pulmones. Y cuando lo noto el aire entra más profundo.

Padre amado: mi poder me quita la paz, tengo mucho miedo hacerme cargo de mi poder, de esa facultad. Me da miedo tener visiones, me da miedo escuchar cosas o que se sienten al lado de mi cama o me toquen; prefiero ignorar eso. A veces hay cosas que no me dan miedo, pero siento que mi poder pudiera ser destructivo. Siento que mi fuerza pudiera asesinar a alguien o hacer daño. A veces tengo mucha ira, mucho miedo y mi sistema de defensa para que el miedo no salga, es la ira, la rabia. A veces es el rencor; y estoy escuchando que tengo capacidades genuinas pero no me atrevo a utilizarlas. Yo creo que le he puesto límites a esa facultad de escuchar más allá de esa capacidad, de ver más allá, de experimentar lo que no se ve; lo que no es evidente a mis ojos o a mi cultura o a mi conocimiento o a lo que aprendí.

Padre amado, me reconozco como alguien temeroso, como alguien débil, como si esa fuerza que pareciera una serpiente venenosa me pudiera atacar, como si fuera brujería, hechicería, santería, espiritismo o algo malo y dañino. He llegado a creer equivocadamente que cualquier manifestación paranormal, cualquier situación psíquica, es locura o esquizofrenia, o es algo que se deba ocultar o se deba calmar con pastillas; he confundido a veces mis poderes con ansiedad.

Padre amado: el que yo sufra por ese poder o que otros se burlen de mi por esa capacidad, o que yo crea que no siento nada, no experimento nada no puede ser Tu Voluntad. El que yo no sea feliz con mis capacidades, con todas mis facultades, no puede ser Tu Voluntad. Yo tengo que haberme equivocado en algún momento de mi pasado; yo tengo que haber creído equivocadamente que Tú me vas a castigar y condenar, o que mi religión me condenaría si yo manifiesto mi poder, mi propia capacidad.

Espíritu Santo, Padre amado: si yo dije algo en el pasado que Tú no hubieses dicho de mí mismo o de alguien más, o dije algo de la brujería o le dije algo a alguien, o le dije a otro que eso era malo, o que se iba a condenar, o amenacé a alguien con la ira de Dios: yo lo quiero recordar; o si fue que pensé algo de mí mismo o de alguien, si tuve pensamientos de exclusión con la brujería, la santería, con las capacidades espirituales, el catolicismo, el exorcismo, la hechicería, el espiritismo y Tú no lo hubieses pensado Padre amado y eso trajo este temor a mi vida: yo lo quiero saber; o si fue que le hice algo a alguien, lo condené, lo crucifiqué, lo haya excluido, me haya burlado, o le haya hecho mofa por haber manifestado una capacidad o un poder y Tú no lo hubieses hecho Padre amado: yo lo quiero recordar. Quiero reconocer, dónde obré sin amor; quiero reconocer las barreras que le puse a mi capacidad, a mi propio poder; quiero saber por qué no puedo expresar esa capacidad con amor; quiero reconocer los límites que le puse al Espíritu Santo para que usara mi poder; quiero que se restaure mi poder. Invoco mis pensamientos reales en este momento.

Utilizo mi soberanía para que mi mente sea llevada al momento del pasado donde cometí los errores o tomé las decisiones equivocadas que me limitaron a mí mismo, que limitaron mi poder, que limitaron mi capacidad psíquica; quiero saber de qué me siento culpable que no me permite expresar mis capacidades. Busca y halla en mi mente Espíritu Santo, cualquier situación, cualquier trauma, cualquier cosa que escuché o que dije, que limitó mi capacidad, que limitó mi poder. Estoy dispuesto a perdonar lo que sea con tal de recuperar mi paz. Haré silencio por un rato para que busques Espíritu Santo y halles en mi memoria lo que tenga que ser deshecho y expiado por Ti.

SILENCIO (Esperamos lo que consiga el Espíritu Santo y nos hacemos responsables)

Espíritu Santo gracias por buscar en mi memoria y en las de mis hermanos aquellas limitaciones que pusimos a nuestro propio poder. Hoy quiero hacerme responsable, no sólo por lo que yo pensé, hice o dije, sino por lo que pensaron mis hermanos, hicieron o dijeron.

Espíritu Santo, hoy me hago responsable de haberme burlado, de haber hecho mofa de los brujos, espiritistas, hechiceros, santeros, de otras tendencias, de otras religiones. Reconozco que los desprecié, que creí que valían menos que yo, que mi familia valía más, que yo valía más; que la gente que andaba en eso no valía nada. Reconozco que a la vez usé para mi propio beneficio a los astrólogos que leían cartas astrales, que recurrí a cartománticos, leedores de tabacos, quirománticos, espiritistas, a los que interpretaban los sueños, a los rosacruces, los gnósticos, católicos, a todas las religiones, los adivinos, los magos, reikistas, y naturistas. Acepto que siempre anduve en la búsqueda espiritual.

Espíritu Santo, quise valerme de ellos para hacer daño, manipular las cosas a mi favor y conocer el futuro. Cuando acertaron y al ego le gustó lo que escuchó me alegré y les hice publicidad; pero cuando al ego no le gustó lo que escuchó, hice mofa de ellos, me burlé y los desprestigié.

Espíritu Santo, me hago responsable de cada vez que me burlé de las personas que tenían altares, que tenían santos, que creían en los ángeles, o prendían velas a las ánimas benditas del purgatorio; reconozco que los ridiculicé, que me burlé de María Lionza, del Negro Primero, de Guaicaipuro, de las Siete Potencias, de la Corte Vikinga; reconozco que fui a mirar, que fui de curioso, que quise ver para burlarme luego, correr e insultarlos y dejarlos. Hay cosas en las que creí y hay cosas en las que no. Reconozco haber despreciado a parejas porque eran espiritistas, hechiceros, santeros o de otras religiones. Reconozco que fui exclusivista y excluyente. Reconozco las veces que critiqué a otros que tenían parejas así, con poderes, que eran brujos. Reconozco y me hago responsable por todo lo que interpreté de la brujería, la santería, hechicería, de todo lo que me pareció que era paranormal, que era distinto a mis creencias. Reconozco que fui exclusivo con mi religión, que para mí era la mejor, que yo creía en el pecado, que creía en un dios castigador que veía todo como algo malo. Reconozco que creí que toda esa capacidad era una locura, que quien lo manifestaba era esquizofrénico y estaba loco. Reconozco que me burlé de los locos, de los que pensé que tenían un cable pelado, de los que hablaban de cosas extrañas y de los que hablaban de extraterrestres.

Yo me hago responsable de lo que hice, dije y pensé sin amor, sin el amor de Dios. Estaba equivocado, quise ser el juez de mis abuelas, abuelos, de mis ancestros brujos, de mis ancestros chamanes, de mis ancestros espiritistas, yerbateros y curanderos. Me equivoqué. No sabía lo que hacía, lo que decía, lo que pensaba. Me dejé engañar a sabiendas por mi falsa identidad, por mi deseo de ser especial. Quise ser el juez de todo aquello que no respondía a mi religión, que no se parecía a lo que aprendí en el colegio, en la escuela, en mi familia. Elijo revocar todas mis exclusiones; elijo revocar todos mis errores, todo lo que pensé, dije e hice, todo lo que me burlé, pues ignoraba las consecuencias, ignoraba que yo también tenía poder, que también tenía facultades y capacidades genuinas. Cuando me negué a que otro las manifestara, pedí negar las mía. Cuando me burlé de otro, cuando pensé que era locura, pedí que mi capacidad pareciera locura ante los ojos de los demás, y pedí que cuando en mi despertaran mis capacidades y se desarrollaran, se me dijera loco, brujo, hechicero, santero. Cuando me confundí con los demás, me mofé y los desprecié, pedí un trato igual, no sabía lo que hacía, ni lo que decía, ni sus consecuencias.

Espíritu Santo, te pido perdón por haber pretendido ser el juez de todos aquellos que manifestaron su capacidad, su poder genuino; te pido perdón Espíritu Santo, por aquello que hay en mí que no abrió su mente, que se cerró, que se limitó, que no quiso mirar, que no quiso creer; te pido perdón por aquello que hay en mí que creyó que mis facultades y mis poderes eran algo dañino y maligno, digno de mofa, digno de burla y vergüenza.

Espíritu Santo, yo quiero rectificar, quiero deshacer a través de Tu Expiación todos los límites que le puse a mis propias capacidades, elijo liberarme en este momento y perdonar a mis ancestros brujos por el daño que jamás hicieron, por la valía que jamás dejaron de tener; elijo perdonar a los brujos de mi familia, a los brujos a los que mi familia acudió, a los espiritistas que conocí, a los santeros que conocí por el daño que jamás me hicieron a mí, por el daño que jamás le hicieron a la humanidad; los perdono por la burla que jamás merecieron. Si pareció así, yo quise. Ahora elijo liberar a todos los brujos que conocí, a aquellas todas personas que utilicé para que me leyeran la carta astral, para que me adivinaran el futuro, para que me leyeran la mano, el Tarot, el tabaco y para que me hicieran creer que era pecador. Ahora decido liberar a todas aquellas personas que condené porque se leían las cartas, porque están adictos a los brujos o a los tabaqueros. Yo quiero liberar a todo aquel que condené por su capacidad, por su poder, por su facultad. Le quito la corona de espinas a cada uno y los bajo de la cruz donde los crucifiqué, porque me libero de la cruz donde yo mismo me crucifiqué y de la corona de espinas que yace sobre mi frente; o ambos somos inocentes o ambos somos culpables. Ahora reconozco mi poder ilimitado en cada hermano, en cada ser humano. Tenemos los mismos poderes, las mismas capacidades. Elijo ser testigo de que el poder que tenemos es genuino y sólo tiene la capacidad de hacer el bien.

Visualizamos a Jesucristo y le decimos: Jesucristo, toda la culpa que llevo por lo que dije, pensé o hice a las personas que tenían alguna capacidad, lo dejo en

Tus manos; la culpa que siento por haberme burlado de mis hermanos, de mis sobrinos, de mis parientes espiritistas, brujos, santeros, y la culpa que llevo por haberme burlado de mi pareja, por haber excluido a personas de mi vida por tener alguna facultad, por haberlos tratado de locos, de esquizofrénicos, lo dejo en Tus manos Jesucristo. Libérame de esa carga para siempre, el peso de la culpa es muy pesada para mí. Ya no quiero ser más el juez de aquellos que tienen una capacidad o tienen un poder. Libero a cada quien del límite que le impuse, de la burla que le hice. Ahora quiero respetar la capacidad de cada persona, quiero respetar a cada persona que venga a mi vida con un poder. Le ofrezco un milagro en el Nombre de Cristo Jesús a cada persona que manifestó su poder, que me colaboró y que me dijo lo que yo quería escuchar; recuerdo a Dios por ellos. Ahora me hago responsable de lo que quise escuchar, de lo que quise ver y de lo que me correspondió.

Y Jesucristo nos dice: Deja toda tu culpa conmigo, yo puedo con ese peso. Tú eres libre e inocente y aún sigues siendo tal y como Dios te creó. Y le contestamos. Gracias.

Espíritu Santo, dejo en Tus manos, en manos de la Expiación todos los juicios que hice de la brujería, de la hechicería, de la santería; todos los juicios que hice de las personas que usaban sahumerios, de los que eran yerbateros, de los sanadores holísticos, de los cartománticos, de los tabaqueros, de los quirománticos, de los leedores de cartas y de todas las personas que yo condené. Todos esos errores que cometí y mis decisiones equivocadas los dejo en manos de la Expiación del Espíritu Santo. Todas mis percepciones equivocadas, todas mis interpretaciones, todas mis exclusiones, las dejo en manos de la Expiación. La creencia de que yo valía más, que mi religión valía más, lo dejo en manos de la Expiación. Para que todo sea disuelto y deshecho por la Expiación del Espíritu Santo y quede sin consecuencias y sin efectos, en mi mente y en la mente de todas personas con poderes y capacidades que conocí; en la mente de todos los brujos y espiritistas que conocí y utilicé a mi favor; en la mente de todos los hechiceros, reikistas, santeros, cartománticos, quirománticos, astrólogos; en la mente de toda persona que tenga una facultad que la use para sanar o que la haya usado para ser el mal; en la mente de todos mis ancestros; en la mente de todas mis parejas; en la mente de mis hijos; en la mente de toda mi descendencia; en la mente de toda la filiación.

Espíritu Santo, sana mi mente de cualquier limitación, sana mi mente de cualquier juicio que haya hecho. Dame una nueva manera de ver a la brujería, a la santería, al espiritismo, a todas esas capacidades extrasensoriales, a los hechiceros, a los exorcistas, a los religiosos, que me dé paz. Y en cada momento que me equivoqué e hice juicios, toma Tú Espíritu Santo una nueva decisión en favor de Dios por mí. En cada momento que tuve razones para burlarme de aquellas personas que tenían poderes genuinos, toma Tú Espíritu Santo una nueva decisión en favor de Dios por mí. Elijo reconocer mis propias capacidades, mirarlas sin miedo, mirarlas en la Luz, en la Luz de la Verdad. Pongo al servicio del Espíritu Santo en Su plan para la salvación todas mis capacidades, todas mis facultades, todo mi poder.

Gracias Espíritu Santo. Ahora me permito y me abro a ver lo que está más allá. Ahora acepto la visión de Cristo que es el regalo que me ofrece el Espíritu

Santo. Estoy decidido a ver. Estoy decidido a ver de otra manera. Solo veía un mundo de venganza y estoy decidido a verlo de nuevo con los ojos de Cristo. Renuncio a mis pensamientos de ataque; renuncio a mi idea de que puedo ser dañado por otro Hijo de Dios, que puedo ser impedido por otro Hijo de Dios; renuncio a mi idea de que con brujería, hechicería o espiritismo podía atacar a otro o experimentar ataque.

Mirándonos unos a otros nos decimos: Todos tus pecados han sido perdonados, Y los tuyos junto con los míos.

Gracias Padre. IGC/nm

11. Pandemia de Milagros. 9 de abril del 2020. Entrevista vía internet por Zoom y Facebook. Presentadora Jomar Hernández A. Utah. USA.

Todos cerramos los ojos. Voy a unificar por cada persona que está escuchando, la meta de la paz interior. El único propósito en este momento para esta psicoterapia es la paz interior.

Invoco el Nombre de Dios y el mío propio, y cada quien repite conmigo: uno mi mente a la de Jesucristo y a la mente de cada uno de los hermanos que están escuchando en este momento; me hago a un lado para que el Espíritu Santo me muestre el camino seguro de que su dirección me brindará paz.

Y si algo tengo que decir, Él me lo dirá. Le ofrezco el instante santo del Espíritu Santo a cada uno de mis hermanos.

Padre amado aquí vengo a quejarme como si estuviese de rodillas; no estoy en paz en este momento; hay cosas que me preocupan, pecados que creo que tengo, situaciones dolorosas con mis hermanos y con mis hermanas; no sé cómo arreglar las situaciones hereditarias; no me dan paz los robos, y los saqueos; no me da paz lo que sucede en el mundo; no me da paz que alguien conocido pueda morir o yo pueda enfermar; no me dan paz las injusticias que veo en el mundo; no me da paz que un gobierno quiera tumbar a otro gobierno, que otro gobierno quiera interferir; no me da paz lo que pasa en los gobiernos de todos los países; no me paz lo que pasa con la oposición de todos los países; no me da paz que otros gobernantes no se hayan preocupado por lo que pasa en sus países con sus pandemias; no me da paz lo que exageran por la redes sociales; todo lo que escucho me deprime y todos los muertos también; hay cosas que no me gustan de las que estoy viendo en el mundo y que estoy viendo en internet; a la vez reconozco que siento deseos de verlo todo, de cuantos muertos van, de que país está peor, que país está mejor; a veces me han venido pensamientos de venganza; a veces me alegra que a otro país le pase algo y al mío no (cada quien vaya desahogando lo que le viene honestamente, sé brutalmente honesto). Sí, me alegré porque alguien murió, en ocasiones porque le afectó a los ricos y en otras porque le afectó a los pobres. Sí han llegado a mi mente personas que me parece que deberían morirse en este momento porque me estorban, eso también lo reconozco (vamos a reconocerlo todo) ¿Quién creo yo que me parece que está bueno que pase a la muerte con esta situación? y ¿Quiénes no? ¿A quiénes estoy protegiendo? ¿Con quiénes me resisto a que se mueran? ¿Con quiénes no estoy de acuerdo que padezcan? Si tengo miedo a que me lleguen a pedir, a que me arruine, a que no tenga que comer, lo entrego en este momento.

Si tengo miedo a colaborar, a que me pidan un favor, a recibir una visita o a rechazarla, lo reconozco en este momento. Yo quiero reconocer todo a lo que en este momento le tengo miedo (cada quien, va hablar de su infierno personal, como lo está viendo) ¿cuándo cree que le va a llegar?, me cuesta perdonar, me cuesta hacer mi trabajo, me da pereza Padre amado, me da pereza tomar este curso, me da pereza hacer los ejercicios; ya he perdonado mucho; estoy intentando cambiar al otro que convive conmigo; estoy enojado por esto o por aquello. Cada quien vaya desahogando lo que tiene. Pero al menos puedo decidir Padre amado que no me gusta cómo me estoy sintiendo con esta situación, no estoy feliz como Tú quieres que yo esté, yo tengo que haberme equivocado en algún momento de mi pasado y me estoy valiendo de la situación actual del mundo, me estoy valiendo de mi pareja, me estoy valiendo de mis hijos, de mis padres, de lo que veo en internet, para "expiar", para liberarme de una culpa que llevo desde el pasado y quiero proyectarla en los chinos, quiero proyectarla en los Estados Unidos, en los europeos, en España, Italia, Venezuela, en los gobernantes, en los opositores.

Yo tengo que haberme equivocado. Yo quiero Padre amado que me lleves al momento de mi pasado donde yo cometí el error, o tomé la decisión equivocada que generó este miedo que tengo, este despertar de mi infierno personal. Pero si yo dije algo Padre amado que Tú no hubieses dicho y lo dije sin amor, de mí o de otra persona, tráelo a mi conciencia; pero si fue que yo pensé algo de mí mismo o de alguien más, o condené a alguien o le deseé la muerte a alguien con mi pensamiento, o tuve la intención de destrucción, yo quiero reconocerlo.

Si de una u otra manera yo estoy colaborando con eso que está pasando en el mundo con esto que me aqueja; si yo tengo una guerra interior, quiero saber de qué se trata con señales; si le hice algo a alguien, o lo desprecié, si me sentí despreciado por alguien, si estoy usando esta situación para vengarme, quiero saber Padre quién es mi enemigo, contra quién obré sin amor; quiero saber de qué me siento culpable Padre amado.

Espíritu Santo busca en mi mente, en mi memoria y halla la causa de mi problema, la culpa que aún llevo. Busca y halla el error que cometí, mi decisión equivocada. Yo estoy dispuesto a perdonar lo que sea con tal de recuperar mi paz.

SILENCIO (Esperamos lo que halle el Espíritu Santo y nos hacemos responsables)

Vamos a confiar a que el Espíritu Santo traiga a nuestra conciencia el recuerdo, un detalle, algo que esté pendiente de perdonar. Pudiendo ser muchas cosas. ¡De todo corazón te lo pido Padre amado!

De lo que le haya venido a cada quien, la parte que sigue es hacerse responsable. Sí lo hice, si lo pensé. A mi particularmente me vino que hay personas que creo que estorban un poquito en el mundo y sería bueno que la pandemia los sacara del camino. Sí lo hice Padre. Sí lo pensé. Sí lo llegué a sentir. He llegado a creer que hay Hijos Tuyos que están estorbando en este mundo, he llegado a creer que esto beneficia a la humanidad porque hay mucha gente que no debería estar en este mundo y creo que me estorban a mí. Me hago responsable de eso que pensé y dije, de ser el juez de lo que le corresponde al otro. Y cada quien se va haciendo responsable: Sí lo pensé. Sí lo dije. Sí lo deseé. Mirando a su hermano o a su hermana, al grupo, al gobernante, al opositor haciéndose responsable por lo que les deseó, lo que pidió, cómo quiso matarlo, cómo quiso asesinarlo, cómo quiso destruirlo, cómo condenó a la China, cómo condenó a los Estados Unidos, cómo condenó a Europa; sí te quité, sí te robé. De todo lo que vino a la mente me hago responsable en este momento.

Yo no sabía lo que hacía, no sabía lo que decía, no sabía que lo pedía para mí. Yo me dejé engañar a sabiendas por mi falsa identidad, por mi deseo de ser especial; quise ser el juez de ustedes, de quién merecía la vida y quién no; quise ser el juez de los científicos, quise ser el juez de los chinos, quise ser el juez de los norteamericanos, quise ser el juez de los europeos y me equivoqué; quise ser el juez de los gobernantes, de los opositores, de los países y de la manera en como lo están haciendo; quise ser el juez y me equivoqué; fui soberbio y arrogante; lo fui Padre amado; lo fui santo hermano; por eso te pido perdón. He pagado un alto precio por eso que pensé, por eso que dije, por eso que hice, por obrar sin amor; por eso te pido perdón Padre amado; te pido perdón Espíritu Santo; les pido perdón mis santos hermanos, por ese papel que les asigné en mi vida que representaran para mí, para que me estorbaran, para que parecieran los maquiavélicos o asesinos; los perdono Padre amado. Y les pido perdón por aquello que hay en mí que cree que esta pandemia fue provocada por otro país para asumir el poder de la humanidad; pido perdón a cada país que involucré en esta situación, a cada gobernante, a cada opositor, a cada quien que juzgué por la manera en como lo hizo en su país, les pido perdón; todo eso ha recaído sobre mí y yo estoy arrepentido de lo que pensé, de lo que dije; eso me afecta a mí y hago que otros piensen de la misma manera que yo. Y cada quien visualiza a esas personas que le vinieron. Los perdono por lo que no me hicieron; perdono a la China por el daño que jamás me hizo; perdono a los Estados Unidos por el daño que jamás sembró; perdono a los europeos por el daño que jamás nos hicieron.

Perdono a todas las personas por lo que jamás estorbaron; le ofrezco el don de vida a cada persona que le deseé la muerte. Y cada quien va perdonando por todo lo que jamás pensó que era. Te perdono por la culpa que jamás tuviste; te perdono por lo jamás me hiciste. A cada quien lo voy perdonando y perdono a Dios por jamás haber sido Su Voluntad que yo muriera en esta pandemia. Todo lo voy a perdonar porque nada fue posible que fuese la Voluntad de Dios que a mí me pasara, no soy víctima de nada ni de nadie. Repito: si fue así yo quise; todo lo que pareció acontecerme yo lo quise así, yo me hago responsable y lo revoco en este momento; cada pensamiento que yo tuve lo revoco en este momento y para siempre; cada idea, cada error que cometí lo revoco en este momento.

A cada persona que condené, a cada país que le eché la culpa, a cada científico, en este momento le revoco la culpa y la condena; y a la naturaleza la perdono por lo que no me está haciendo, yo soy parte de ella; y el corona virus pertenece y forma parte, la naturaleza pertenece y forma parte, yo le doy su lugar en mi corazón; yo soy parte de la naturaleza, soy parte del cosmos y en este momento lo reconozco; mientras esté atrapado en un cuerpo y vague por este mundo, creeré que soy un cuerpo que forma parte de él, pero mi Ser no es de este mundo.

Ahora libero a cada una de las personas que involucré, que condené, porque quiero ser liberado. Perdono a cada persona porque yo quiero ser perdonado. O ambos somos inocentes, o ambos culpables, yo elijo liberarlos y perdonarles la vida. Cada quien está en este mundo haciendo el papel que le corresponde dentro del plan.

Si alguno de nosotros siente que crucificó a alguien, visualícelo en la cruz y bájelo, quitándole los clavos que lo atan allí, quitándole la corona de espinas, liberándolo; que pida al hermano que lo baje de la cruz donde él mismo se crucificó, y experimente ser liberado de la cruz; que experimente cuando el otro a quien condenó le quita la corona de espinas. Visualicen a muchos chinos bajándolos de la cruz; a muchos estadounidenses, a muchos europeos, a muchas personas enfermas, a muchas personas sanas, a esas personas que ustedes despreciaron que no quieren que estén en su casa, a los que les hicieron bulling, a todos esos condenados, los van liberando de la cruz.

Cuando se sintió culpa, visualizamos a Jesucristo y le decimos: por favor hazte cargo de toda la culpa que yo estoy echándole a los demás; toda la culpa que quiero echarle a la china la dejo en Tus manos Jesucristo; la culpa que quiero echarle a los Estados Unidos la dejo en manos de Jesucristo; la culpa que quiero echarle al 5G la dejo en Tus manos Jesucristo; la culpa que le quiero echar a la naturaleza la dejo en Tus manos Jesucristo; la culpa que le quiero echar al demonio la dejo en Tus manos Jesucristo; la culpa que le quiero echar a la iglesia católica la dejo en Tus manos Jesucristo; la culpa que le quiero echar a los italianos, a los españoles, a aquellos que no hicieron nada para evitar la pandemia la dejo en Tus manos Jesucristo; la culpa que le quiero echar a mis vecinos, a esas personas que están de vagos por el mundo la dejo en Tus manos Jesucristo; la culpa que llevo por desearle la muerte a otras personas, porque me parece bueno que mueran con esta pandemia la dejo en Tus manos Jesucristo. Cada quien va enumerando sus culpas. La culpa que le eché a mi pareja, la culpa que le eché al que me enfermó, la culpa que le eché a quien fue Presidente, al opositor, a los gobernantes, a todo el país la dejo en Tus manos Jesucristo. Hazte cargo de toda esa culpa es muy pesada para mí y no puedo con esa culpa.

Y cada quien escucha a Jesucristo, o también puede ser otro maestro ascendido que le dice: deja tu culpa conmigo que yo puedo con eso, tú eres libre e inocente y sigues siendo tal y como Dios te creó.

El que ya se encuentre en paz puede continuar. Va a enumerar todas las decisiones equivocadas que le vinieron, todos los errores que le vinieron y los va a entregar a la Expiación del Espíritu Santo.

Espíritu Santo: dejo en manos de la Expiación eso que pensé, eso que dije, eso que hice; Lo que le hice al otro, lo que le hice al hermano lo dejo en manos de la Expiación; eso que les deseé, esa idea de ser el juez del otro, lo dejo en manos de la Expiación; la culpa que le eché a la China, los Estados Unidos, a los que no le prestaron atención a la pandemia y la contagiaron, la dejo en manos de la Expiación; la culpa que le echo a la naturaleza, que le echo al coronavirus, que le echo al 5G, la dejo en manos de la Expiación; la culpa que le echo a los presidentes y a los opositores, la dejo en manos de la Expiación; la culpa que me echo a mi mismo la dejo en manos de la Expiación; la creencia de que soy un indolente, que no me importa el mundo, la dejo en manos de la Expiación; todo el deseo de que la gente que estorba muera, la idea de que Tu Hijo estorba en este mundo, la dejo en manos de la Expiación; todos los errores que cometí y todas mis decisiones equivocadas, las dejo en manos de la Expiación; la fuente de temor, la creencia de que me voy a morir, de que éste es un castigo de Dios por los pecados que cometí, las dejo en manos de la Expiación; la creencia de que el mundo se va acabar y que Dios va a ser cruel y despiadado, la dejo en manos de la Expiación; todo lo que he creído, todo lo que he escuchado, lo que piense la humanidad, todo lo que me ha llegado por las redes sociales, los dejo en manos de la Expiación.

Sana mi mente Espíritu Santo, expía por mí. Dejo todo en manos de la Expiación para que quede disuelto y deshecho, quede sin consecuencias y sin efectos en mi mente, en la mente de papá y mamá, mis abuelos, mis bis-abuelos, mis tatarabuelos y la de todos mis ancestros; en la mente de mis tíos, mis primos, mis hermanos, las parejas previas de papá y sus otras parejas, las parejas previas de mamá y sus otras parejas; en la mente de todas mis parejas y la de mi pareja actual; en la mente de mis hijos, nietos, bisnietos, tatara-nietos, mi descendencia y toda su familia política; en la mente de todos los chinos, de todos los investigadores, de todos los científicos; en la mente de los italianos, de los españoles; en la mente de los europeos; en la mente de los que se contagiaron y de los que contagiaron a otros; en la mente de los que no se contagiaron; en la mente de todos aquellos que se fueron; en la mente de todos los norteamericanos, los mexicanos, suramericanos, centroamericanos, de todos los caribeños; en la mente de toda persona que oyó que eso existía; en la mente de la naturaleza; en la mente de cada ser vivo, de cada animal; en la mente de todos los que han enviado mensajes por las redes sociales que me han atemorizado.

Espíritu Santo en aquel momento que escuché de la pandemia por primera vez, toma Tú una nueva decisión en favor de Dios por mí; dame otra manera de ver esto que está sucediendo en la naturaleza, en el mundo, que me dé paz. En aquel momento que deseé que las personas murieran con esta pandemia y se la deseé a alguien, toma Tú Espíritu Santo una nueva decisión en favor de Dios por mí; dame una nueva manera de ver a esas personas que yo creí que merecían la muerte que me dé paz; en cada momento que me equivoqué o en cada momento donde encontré un error le pido que el Espíritu Santo que tome una nueva decisión en favor de Dios por mí, se cancele todo efecto, toda consecuencia, todo error. Y que en cada circunstancia que le vino a cada quien a su mente, que Él tome una nueva decisión en favor de Dios por cada quién y a su vez le dé una nueva manera de verlo que le dé paz.

Y visualizamos a las personas que nos vinieron a la mente y les decimos: chi-nos, norteamericanos, europeos, paisanos, presidentes, opositores, gobernan-tes, científicos: todos sus pecados han sido perdonados y los suyos junto con los nuestros. Expiación, Expiación, Expiación, Expiación y volvemos en paz.

IGC/nm

SEGUNDA PARTE
ALCANCE DE LA PSICOTERAPIA

CAPÍTULO 1
LAS EMOCIONES

I. INTRODUCCIÓN

El miedo y el amor son las únicas emociones que eres capaz de experimentar (T-12.I.9:5). Una la inventaste tú y la otra se te dio. Cada una de ellas representa una manera diferente de ver las cosas, y de sus correspondientes perspectivas emanan dos mundos distintos (T-13.V.10:2-3).

Toda emoción negativa procede del miedo. El miedo es un sistema de defensa, que no nos permite reconocer la verdad de que somos solo amor y de que estamos perfectamente amparados por Dios nuestro Creador. Desde que venimos al mundo enfrentamos pruebas inevitables, accidentes, tragedias, pérdidas, traiciones, enfermedades, dolor y diferentes situaciones a las cuales reaccionamos con miedo hasta morir. El miedo procede de no haber desarrollado por ahora, la confianza de que somos el Hijo de Dios, tal como Él nos creó y que nuestro verdadero Ser no puede sufrir ni un rasguño pues, nuestro Ser no pertenece a este mundo "Podemos reír o llorar, recibir el día felizmente o bien con lágrimas. Nuestro estado de ser parece cambiar según experimentamos múltiples cambios de humor, y nuestras emociones nos remontan hacia lo alto o nos estrellan contra el suelo sumiéndonos en la desolación" (L-pI.186.8:4-5).

Desde que creímos habernos separado de Dios nuestra fuente, pensamos que cometimos un pecado del cual éramos culpables por haberlo abandonado; eso nos llevó a experimentar un miedo muy grande al castigo de Dios. De allí entendimos que teníamos que ocultarnos de Él. A eso le llama Ken Wapnick la "trinidad impía": pecado, culpa y miedo. Pero el mayor miedo es al ego, el dios que fabricamos. "La aceptación de la culpa en la mente del Hijo de Dios fue el comienzo de la separación, de la misma manera en que la aceptación de la Expiación es su final. El mundo que ves es el sistema ilusorio de aquellos a quienes la culpabilidad ha enloquecido. Contempla detenidamente este mundo y te darás cuenta de que así es. Pues este mundo es el símbolo del castigo, y todas las leyes que parecen regirlo son las leyes de la muerte. Los niños vienen al mundo con dolor y mediante el dolor. Su crecimiento va acompañado de sufrimiento y muy pronto aprenden lo que son las penas, la separación y la muerte. Sus mentes parecen estar atrapadas en sus cerebros, y sus fuerzas parecen decaer cuando sus cuerpos se lastiman. Parecen amar, sin embargo, abandonan y son abandonados. Y parecen perder aquello que aman, la cual es quizá la más descabellada de todas las creencias. Sus cuerpos se marchitan, exhalan el último suspiro, se les da sepultura y dejan de existir. Ni uno solo de ellos ha podido dejar de creer que Dios es cruel" (T-13. in.2:1-11).

Todo acontecimiento sorpresivo nos genera miedo. "Dije anteriormente que sólo puedes experimentar dos emociones: amor y miedo" (T-13.V.1:1). Lo asociamos a la culpa que a escondidas le echamos a Dios de habernos expulsado del Reino y a la creencia de que es cruel y nos castigará por todo lo que hemos hecho. Por miedo al Padre, esa culpa la proyectamos en otras personas, en un gobierno o en la naturaleza, a quienes vemos como nuestros atacantes. El miedo a perder, al que dirán, a que nos traicionen, a que nos dejen de amar, a que nos culpen de algo o de la muerte de alguien, nos lleva a reaccionar con ira, que no hace más que ocultar el miedo. "Éstos son los pensamientos que necesitan curación, y una vez que hayan sido corregidos y reemplazados por la verdad, el cuerpo gozará de perfecta salud. La verdad es la única defensa real del cuerpo" (L-pI.135.10:1-2). Esa emoción suscitada puede tener efectos indeseables en nuestras vidas, como depresión, tristeza, separación, autocastigo, ganas de morir, enfermedades, o diversos síntomas físicos.

> Estabas en paz hasta que pediste un favor especial. Dios no te lo concedió, pues lo que pedías era algo ajeno a Él, y tú no podías pedirle eso a un Padre que realmente amase a Su Hijo. Por lo tanto, hiciste de Él un padre no amoroso al exigir de Él lo que sólo un padre no amoroso podía dar. Y la paz del Hijo de Dios quedó destruida, pues ya no podía entender a su Padre. Tuvo miedo de lo que había hecho, pero tuvo todavía más miedo de su verdadero padre, al haber atacado su gloriosa igualdad con Él (T-13. III.10:2-6).

II. Amor y Miedo

A la aparición de un síntoma físico que nos quita la paz, podemos confiar de que procede de una rabia, ira o enojo contra Dios o contra alguien más, o tal vez ganas de matar, producto de una emoción negativa de miedo aun reprimida, por algo que pasó en el pasado, pero que sigue vigente en nuestra memoria y no hemos perdonado ni liberado. Dicha emoción procede de haber reaccionado a la interpretación de un hecho impactante que detonó el miedo más profundo a Dios, a nuestros padres, a nuestra pareja, a nuestros hijos o a la sociedad. Eso sucede muy rápido. "La rapidez con la que te olvidas del papel que desempeñas en la fabricación de tu "realidad" es lo que hace que las defensas no parezcan estar bajo tu control. Mas puedes recordar lo que has olvidado, si estás dispuesto a reconsiderar la decisión que se encuentra doblemente sellada en el olvido.

El hecho de que no te acuerdes no es más que la señal de que esa decisión todavía está en vigor, en lo que se refiere a tus deseos. No confundas esto con un hecho. Las defensas hacen que los hechos sean irreconocibles" (L-pI.136.5:1-5). Nos quedamos atrapados en ese momento donde ocurrió el evento indeseable e inesperado. Y esa emoción no reconocida, vista, perdonada y liberada, puede manifestarse como en un efecto físico.

> Tal vez sea útil recordar que nadie puede enfadarse con un hecho. Son siempre las interpretaciones las que dan lugar a las emociones negativas, aunque éstas parezcan estar justificadas por lo que aparentemente son los hechos o por la intensidad del enfado suscitado. Éste puede adoptar la forma de una ligera irritación, tal vez demasiado leve como para ser reconocida claramente. O puede también manifestarse en forma de una ira desbordada acompañada de pensamientos de violencia, imaginarios o aparentemente perpetrados. Esto no importa. Estas reacciones son todas lo mismo (M-17.4:1-5).

Pero es importante reconocer que cada cosa que pareció acontecerme, yo mismo la pedí, la deseé y la fabriqué. Por eso tengo que hacerme responsable de ello. No soy víctima del mundo que veo. Y a cada personaje que apareció en mi sueño yo le asigné un papel que debía representar para mí.

> Los sueños te muestran que tienes el poder de construir un mundo a tu gusto, y que por el hecho de desearlo lo ves. Y mientras lo ves no dudas de su realidad. Mas he ahí un mundo, que aunque claramente existe sólo en tu mente, parece estar afuera. No reaccionas ante él como si tú mismo lo hubieses construido, ni te das cuenta de que las emociones que el sueño suscita no pueden sino proceder de ti. Los personajes del sueño y sus acciones parecen dar lugar al sueño. No te das cuenta de que eres tú el que los hace actuar por ti, ya que si fueras tú el que actuase, la culpa no recaería sobre ellos, y la ilusión de satisfacción desaparecería (T-18.II.5:4).

Entonces: cuando surge una situación con el cuerpo repentinamente, podemos pedirle al Espíritu Santo que interprete ese síntoma por nosotros, en el acto. "Defiende el cuerpo y habrás atacado a tu mente. Pues habrás visto en ella las debilidades, las limitaciones, las faltas y los defectos de los que crees que el cuerpo debe ser liberado. De este modo, no podrás ver a la mente como algo separado de las condiciones corporales. Y descargarás sobre el cuerpo todo el dolor que procede de concebir a la mente como frágil, limitada y separada de las demás mentes y de su Fuente" (L-pI.135.9:1-4). Si le dejamos la interpretación al ego, que es morboso y enemigo de nuestra felicidad, hará fiesta con nosotros y atraerá historias de otras personas que sufrieron o murieron por algo parecido. "La muerte es el pensamiento de que estás separado de tu Creador. Es la creencia de que las condiciones cambian y de que las emociones varían debido a causas que no están bajo tu control, que no son obra tuya y que tú jamás puedes cambiar" (L-pI.167.4:1-2). Si el síntoma persiste y nos quita la paz, es que hay algo que procesar. Existen innumerables investigaciones acerca de cada síntoma físico y su causa, y cada quien puede hacer su propia averiguación. Lo importante aquí son los pasos para acceder a la causa del síntoma. Pues no hay grado de dificultad en los milagros.

> De las sombrías figuras del pasado es precisamente de las que te tienes que escapar. No son reales, y no pueden ejercer ningún dominio sobre ti a menos que las lleves contigo. Son portadoras de las áreas de dolor que hay en tu mente, y te incitan a atacar en el presente como represalia por un pasado que ya no existe. Y esta decisión te acarreará dolor en el futuro. A menos que aprendas que todo el dolor que sufriste en el pasado fue una ilusión, estarás optando por un futuro de ilusiones y echando a perder las múltiples oportunidades que el presente te ofrece para liberarte. El ego quiere conservar tus pesadillas e impedir que despiertes y te des cuenta de que pertenecen al pasado (T-13.IV.6:1-6).

Se tienen que seguir los pasos de la guía del Libro Primero, Segunda Parte, Capítulo 3, bien sea para uno mismo o para otros. Desde el estar dispuesto a perdonar no importa qué; invocar a los ayudantes; trazar la meta; arrodillarse y confesarle al Padre toda la angustia que nos genera el síntoma, lo que creemos que nos puede pasar, los diferentes desenlaces imaginarios, hacer el vaciado completo y reconocer que lo que tenemos es miedo a morir, miedo a estar siendo castigados por Dios, miedo a perder, a enfermar, a tener que depender de otros, etc. etc. etc., y decidir que no nos gusta cómo nos estamos sintiendo con este síntoma. Reconocerle al Padre que esto no puede ser su Voluntad, porque no estamos felices como Él quiere que estemos; que tenemos que habernos equivocado. Es el mismo procedimiento expuesto en el Capítulo 3 mencionado anteriormente, sólo que tenemos que pedir que se nos lleve al momento del pasado donde ocurrió la causa del síntoma; preguntar: ¿Cuál fue la interpretación que hice? ¿De qué tuve miedo que me sucediera? ¿De quién me separé? ¿Quién me podía abandonar? ¿A quién excluí? ¿Cuáles fueron las razones de mi enojo? ¿Qué creí que me iba a pasar? ¿Qué podía perder en aquel momento? Hacemos silencio.

Luego de que el Espíritu Santo traiga a nuestra conciencia lo sucedido, se lo agradecemos y continuamos con los pasos del Libro Primero, Segunda Parte, Capítulo 3, Sección XI. Nos hacemos responsables de la interpretación de los hechos, de nuestra participación en el asunto, reconocemos que nos equivocamos, que nos dejamos engañar a sabiendas, hasta llegar a la Expiación y a tomar una nueva decisión. Ver Tabla de contrastes en el apéndice.

> Si no eres un cuerpo, ¿qué eres entonces? Necesitas hacerte consciente de lo que el Espíritu Santo utiliza para reemplazar en tu mente la imagen de que eres un cuerpo. Necesitas sentir algo en lo que depositar tu fe a me-

dida que la retiras del cuerpo. Necesitas tener una experiencia real de otra cosa, algo más sólido y seguro; algo más digno de tu fe y que realmente esté ahí (L-pI.91.7:1-3).

Tal como Dios te creó, tú no puedes sino seguir siendo inmutable; y los estados transitorios son, por definición, falsos. Eso incluye cualquier cambio en tus sentimientos, cualquier alteración de las condiciones de tu cuerpo o de tu mente; así como cualquier cambio de conciencia o de tus reacciones (L-pI.152.5:1-2).

Capítulo 2
Proyecciones

I. Chivo expiatorio

El Hijo de Dios es perfecto, ya que de otro modo no podría ser el Hijo de Dios. Y no lo podrás conocer mientras creas que no merece librarse de todas las consecuencias y manifestaciones de la culpa. De la única forma que debes pensar acerca de él si quieres conocer la verdad acerca de ti mismo es así:

Te doy las gracias, Padre, por Tu perfecto Hijo, pues en su gloria veré la mía propia (T-30.VI.9:1-4).

Googleando encontramos que William Holman Hunt lo define así: Un chivo expiatorio es la denominación que se le da a una persona o grupo de ellas a quienes se quiere hacer culpables de algo con independencia de su inocencia, sirviendo así de excusa a los fines del inculpador. De manera más específica, este apelativo se emplea para calificar a aquellos sobre quienes se aplica injustamente una acusación o condena para impedir que los auténticos responsables sean juzgados o para satisfacer la necesidad de condena ante la falta de culpables. "Trato de atacar únicamente cuando tengo miedo, y sólo cuando trato de atacar puedo creer que mi eterna seguridad está siendo amenazada" (L-pI.87.3:4).

En la actualidad, se usa la denominación para referirse a aquel hermano que ha pagado las culpas de alguien o de otros, liberando a éstos de su merecido. Puede suceder que la persona víctima de la acusación termine aceptando su aparente responsabilidad para calmar el conflicto, pidiendo perdón con miedo, tal vez porque fue amenazado. "Ayúdale a levantar la pesada carga de pecado que echaste sobre sus hombros y que él aceptó como propia, y arrójala lejos de él sonriendo felizmente. No la oprimas contra su frente como si fuese una corona de espinas, ni lo claves a ella, dejándolo irredento y sin esperanzas" (T-19.IV.D.i.16:5-6). Esto empeora la situación, haciendo imposible alcanzar la verdad, confundiéndose a la víctima con el victimario.

Los crucificados infligen dolor porque están llenos de dolor. Pero los redimidos ofrecen alegría porque han sido curados del dolor. Todo el mundo da tal como recibe, pero primero tiene que elegir qué es lo que *quiere* recibir. Y reconocerá lo que ha elegido por lo que da y por lo que recibe. Y no hay nada en el infierno o en el Cielo que pueda interferir en su decisión (T-19.IV.D.i.20:3-7).

Requerimos de cualquier manera zafarnos de toda culpa, ocultarla en otro cuerpo como lo hizo Adán con Eva, y aun lo seguimos haciendo. Para ello necesitamos un chivo expiatorio donde proyectar nuestro resentimiento. Alguien a quien culpar y lograr experimentar la ilusión de que nos hemos liberado de la misma. Al chivo expiatorio le hacemos pagar por las sombras de nuestro pasado, por todo el daño que creemos se nos hizo, justificando nuestra venganza y el ataque permanente, porque elegimos experimentarnos como víctima. "Sólo veo el pasado" (L-pI.7). Esa persona puede ser la pareja, un vecino, gobernante, pariente, hermano, nuestros padres o todo aquello que nos quite la paz. Ese es el plan más popular del ego, decía Rosa María Wynn. Te enamoras de quien luego vas a convertir en tu chivo expiatorio y el de tu familia.

> Libera a tu hermano aquí, tal como yo te liberé a ti. Hazle el mismo regalo y contémplalo sin ninguna clase de condena. Considéralo tan inocente como yo te considero a ti, y pasa por alto los pecados que él cree ver en sí mismo (T-19.IV.D.i.18:1-3).

Cuando en cualquier familia hay excluidos por razones del daño que se creyó que hicieron, o personas no reconocidas, tales como parejas previas, hijos no tomados en cuenta o una familia paralela de alguno de los cónyuges, es posible que los descendientes se enamoren de parejas con esos patrones por las cuales fueron excluidas aquellas personas y las traigan a su familia con el propósito de integrarlas y visibilizarlas, también para esconder la vergüenza familiar, o proyectar lo no reconocido en ese clan. Y parezca que estos parientes políticos son los culpables de lo que anteriormente la familia hizo objeto de sus resentimientos, pero que lo mantienen oculto. También un descendiente al que le llamamos la oveja negra, está siendo el chivo expiatorio para que un secreto bien guardado de la familia salga a la luz. Por eso el dicho que reza: "No hay secretos en esta vida", pues las generaciones posteriores lo vuelven a repetir hasta que se perdone. Todo este comentario sirve de pista para entender que a quien se culpa de cualquier circunstancia que traiga un paciente, no es culpable de nada. Con la persona que dice que tiene el problema, no es con la que lo tiene, si no con alguien que no está ahí, pero lo ve en él. Lo está usando de chivo expiatorio.

> Librarse uno de la culpa es lo que deshace completamente al ego. *No hagas de nadie, un ser temible*, pues su culpabilidad es la tuya, y al obedecer las severas órdenes del ego, haces que su condena recaiga sobre ti y no podrás escapar del castigo que él inflige a los que lo obedecen. El ego premia la

fidelidad que se le guarda con dolor, pues tener fe en él es dolor. Y la fe sólo se puede recompensar en función de la creencia en la que se depositó. La fe le infunde poder a la creencia, y dónde se deposita dicha fe es lo que determina la recompensa, pues la fe siempre se deposita en lo que se valora, y lo que valoras se te devuelve (T-13.IX.2:1-6).

Otro chivo expiatorio muy popular es el cuerpo, donde descargamos todo nuestro odio, hasta querer matarlo y enfermarlo. "Es una locura usar el cuerpo como chivo expiatorio sobre el que descargar tu culpabilidad, dirigiendo sus ataques y culpándolo luego por lo que tú mismo quisiste que hiciera" (T-18.VI.6:1). El dinero no se escapa de ser un buen objeto para "expiar". "Cuando los sueños son de asesinato y ataque, tú eres la víctima en un cuerpo herido y moribundo. Pero cuando los sueños son de perdón, a nadie se le pide ser la víctima o el que padece. Éstos son los felices sueños que el milagro te ofrece a cambio de los tuyos" (T-28.II.5:5-7).

La Expiación conlleva una revaluación de todo lo que tienes en gran estima, pues es el medio a través del cual el Espíritu Santo puede separar lo falso de lo verdadero, lo cual has aceptado en tu mente sin hacer ninguna distinción entre ambos. No puedes, por lo tanto, valorar lo uno sin lo otro, y la culpabilidad se ha convertido en algo tan real para ti como la inocencia. Tú no crees que el Hijo de Dios es inocente porque ves el pasado, pero no lo ves a él. Cuando condenas a un hermano estás diciendo: "Yo que soy culpable elijo seguir siéndolo". Has negado su libertad, y al hacer eso, has negado el testigo de la tuya (T-13.IX.4:1-6).

Googleando el origen, tenemos que: Los judíos, en los tiempos del Antiguo Testamento, sacrificaban un chivo (joven macho de la cabra) de acuerdo con el mandato de Dios, a fin de purificar las culpas por medio del sacrificio (Levítico 16).1 La expresión proviene del latín *expiatorius*, y significa literalmente "antes de venerar". La expresión se menciona en la Biblia, en el ritual llevado a cabo en la festividad más importante del año del calendario hebreo, en Israel, el Día de la expiación; en el cual se purificaba del pecado el tabernáculo, el santuario móvil construido por los israelitas. En dicho ritual, se echaban suertes sobre dos machos cabríos: uno era sacrificado por el Sumo Sacerdote, para la expiación de los pecados de los israelitas; el otro era cargado con todas las culpas del pueblo judío "para enviarlo a Azazel al desierto". Éste último era conocido como chivo expiatorio.

El Cielo es el regalo que le debes a tu hermano, la deuda de gratitud que le ofreces al Hijo de Dios como muestra de agradecimiento por lo que él es y por aquello para lo que su Padre lo creó (T-19.IV.D.i.19:6).

II. Ejercicio textual de Perdón de *Un Curso de Milagros*

En las lecciones de *Un Curso de Milagros* encontramos un ejercicio muy válido para cuando tenemos un chivo expiatorio muy cercano. Rosa María Wynn comentaba que cuando se convive o se tiene de pareja a un pinche tirano, existe el beneficio de ser un acelerador para nuestro proceso de ascensión, y lo más recomendable es quedarse en la relación hasta que la deuda de perdón se haya consumado y las lecciones del Espíritu Santo se hayan completado. Que Él mismo, así como unió esta relación especial, al convertirla en una relación santa pudiera mantenerla unida o separarla corporalmente para que cada quien continúe a algo mejor.

Hoy intentaremos ver al Hijo de Dios. No nos haremos los ciegos para no verlo; no vamos a contemplar nuestros resentimientos. Así es como se invierte la manera de ver del mundo, al nosotros dirigir nuestra mirada hacia la verdad y apartarla del miedo. Seleccionaremos a alguien que haya sido objeto de tus resentimientos y, dejando éstos a un lado, lo contemplaremos. Quizá es alguien a quien temes o incluso odias; o alguien a quien crees amar, pero que te hizo enfadar; alguien a quien llamas amigo, pero que en ocasiones te resulta pesado o difícil de complacer; alguien exigente, irritante o que no se ajusta al ideal que debería aceptar como suyo, de acuerdo con el papel que tú le asignaste.

Ya sabes de quien se trata: su nombre ya ha cruzado tu mente. En él es en quien pedimos que se te muestre el Hijo de Dios. Al contemplarlo sin los resentimientos que has abrigado en su contra, descubrirás que lo que permanecía oculto cuando no lo veías se encuentra en todo el mundo y se puede ver. El que era un enemigo es más que un amigo cuando está en libertad de asumir el santo papel que el Espíritu Santo le ha asignado. Deja que él sea hoy tu salvador. Tal es su función en el plan de Dios, tu Padre.

Pasa revista a sus faltas, a las dificultades que has tenido con él, al dolor que te ha causado, a sus descuidos y a todos los disgustos grandes y pequeños que te ha ocasionado. Contempla las imperfecciones de su cuerpo así como sus rasgos más atractivos, y piensa en sus errores e incluso en sus "pecados".

Pidámosle entonces a Aquél que conoce la realidad y la verdad de éste Hijo de Dios, que podamos contemplarlo de otra manera y ver a nuestro salvador resplandeciendo en la luz del verdadero perdón que se nos ha concedido. En el santo Nombre de Dios y en el de Su Hijo, que es tan santo como Él, le pedimos:

Quiero contemplar a mi salvador en éste a quien Tú has designado como aquel al que debo pedir que me guíe hasta la santa luz en la que él se encuentra, de modo que pueda unirme a él.

Los ojos del cuerpo están cerrados, y mientras piensas en aquel que te agravió, deja que a tu mente se le muestre la luz que brilla en él más allá de tus resentimientos.

Lo que has pedido no te puede negar. Tu salvador ha estado esperando esto hace mucho tiempo. Él quiere ser libre y hacer que su libertad sea también la tuya. El Espíritu Santo se extiende desde él hasta ti, y no ve separación alguna en el Hijo de Dios. Y lo que ves a través de Él os liberará a ambos (L-pI.78.4:1-5; 5:1-6; 6:3-4; 7:1-4; 8:1-5).

CAPÍTULO 3
EL DINERO

I. DE LA ECONOMÍA DE LA ESCASEZ A LA ECONOMÍA DE LA ABUNDANCIA

Hemos dicho que sin proyección no puede haber ira, pero también es verdad que sin extensión no puede haber amor. Todo ello refleja una ley fundamental de la mente y, por consiguiente, una ley que siempre está en vigor. Es la ley mediante la cual creas y mediante la cual fuiste creado. Es la ley que unifica al Reino y lo conserva en la Mente de Dios. El ego, sin embargo, percibe dicha ley como un medio para deshacerse de algo que no desea. Para el Espíritu Santo es la ley fundamental del compartir, mediante la cual das lo que consideras valioso a fin de conservarlo en tu mente. Para el Espíritu Santo es la ley de la extensión. Para el ego, la de la privación. Por lo tanto, produce abundancia o escasez dependiendo de cómo eliges aplicarla. La manera en que eliges aplicarla depende de ti, pero no depende de ti decidir si vas a utilizar la ley o no. Toda mente tiene que proyectar o extender porque así es como vive, y toda mente es vida (T-7.VIII.1:1-11).

Kenneth Wapnick en la página 56 del libro "Ausencia de Felicidad". La historia de Helen Schucman, la escriba de *Un Curso de Milagros*, describe uno de sus sueños. Justo el primero que considera "El Caballero", representa a Jesús y le ofrece a Helen en el sueño, la alternativa de unirse a un mundo que tiene una "economía de gran abundancia" y "no es una economía de escasez", donde los que lo habitan no tienen necesidades de ningún tipo. Por supuesto esta es una oferta de un estado mental de plenitud, pero en este sueño tenemos primero que alcanzar el sueño feliz. "La dicha no cuesta nada. Es tu sagrado derecho, pues por lo que pagas no es felicidad" (T-30.V.9:9-10).

Este sueño de Helen me inspiró a impartir un taller con este título. Justamente porque esa fue mi experiencia con las finanzas y todas las áreas de mi vida, a medida que estudié y practiqué las lecciones de *Un Curso de Milagros*. Mi economía no era tan buena tal como lo narro en la Introducción del libro. Ganaba mucho dinero porque trabajaba mucho, hacía muchísimas cosas bien hechas y se esfumaba la ganancia; sólo quedaba lo invertido, y liquidez frecuentemente no tenía. Cuando había mucho, derrochaba, me ufanaba y estaba feliz; si carecía de dinero para pagar mis compromisos, me estresaba, me enfadaba, me entristecía, me daba vergüenza con mis deudores y no tenía paz.

En el mundo de la escasez el amor no significa nada y la paz es imposible. Pues en él se aceptan tanto la idea de ganar como la de perder y, por lo tanto, nadie es consciente de que en su interior reside el amor perfecto (T-15.VI.5:1-2).

Cuando comienzo con mi crecimiento personal y espiritual en 1997 realicé varios cursos de prosperidad y abundancia, con perdones y afirmaciones; pero mi costumbre de gastarlo todo no cambiaba. Entre tantos intentos, estuve en Caracas, Venezuela, en un entrenamiento con el renacedor y maestro de *Un Curso de Milagros*, Bob Mandel. Había que llevar un billete de 100 dólares para hacer un juego. Entre los múltiples participantes que asistieron, todos a la vez tiramos hacia arriba el billete y cada quien intentaba agarrar los billetes que pudiera. ¡No alcancé a coger ninguno! ¡jajaja! Se perdieron los dólares, pensé. Luego había que anotar los pensamientos de enojo que suscitaron la experiencia y los pensamientos limitantes sobre el dinero. Que si es sucio, cochino, asqueroso; que si es malo, que si se aleja de mí, que me lo roban, me lo envidian, se va, etc. A cada pensamiento había que perdonarlo por escrito 70 veces 7 por siete días; a cada emoción había que hacerle su afirmación, ver en el Libro Tercero, la Tercera Parte, Capítulo 2, Sección II. Hicimos renacimiento para acceder a esas emociones reprimidas referentes al dinero, e integrarlas mientras escuchábamos mantras con música, ver la Sección I del mismo Libro.

Por lo tanto, comparte tu abundancia libremente y enseña a tus hermanos a conocer la suya. No compartas sus ilusiones de escasez, o te percibirás a ti mismo como alguien necesitado (T-7.VII.7:7-8).

Pero el regalo mayor de Bob Mandel estuvo en enseñarnos a ahorrar con un propósito definido. Eso es lo que quiero extender y compartir aquí, porque a mí me funcionó excelentemente. Tengo la certeza de que para servirle al Espíritu Santo en este mundo debemos transcender toda limitación, incluyendo las económicas y decidir que ya no deseamos lo que creemos que un ídolo nos pueda dar. Este ídolo puede ser el dinero, el cuerpo, la pareja, el trabajo, la profesión, la fama, el reconocimiento, etc.

Lo único que las apariencias pueden hacer es engañar a la mente que desea ser engañada. Pero tú puedes tomar una decisión muy simple que te situará por siempre más allá del engaño. No te preocupes por cómo se va a lograr esto, pues eso no es algo que puedas entender. Pero sí verás los grandes cambios que se producirán de inmediato una vez que hayas tomado esta simple decisión: que no deseas lo que crees que un ídolo te puede dar. Pues así es como el Hijo de Dios declara que se ha liberado de todos ellos. Y, por lo tanto, es libre (T-30.IV.6:1-6).

Bob Mandel sugirió hacer lo que yo llamo una auditoria interna al ego. Para revisar anotando durante tres meses consecutivos los ingresos y los egresos nuestros. Apuntamos en un cuaderno el total del dinero que recibimos personalmente por tres meses y lo totalizamos, bien sea el devengado por el trabajo, donaciones, prestaciones, bonos, regalos, aportes conyugales, etc. Hacemos una tabla en un cuaderno y escribimos discriminadamente los gastos, para saber cuánto se invierte en cada rubro, en alimento, en servicios, en mantenimiento de vehículo y vivienda, entretenimiento, regalos, en los hijos, ropa, obtención de placeres, inversiones, etc. Estas cantidades sumadas por tres meses y llevadas a porcentajes nos dará un cuadro de la manera de como venimos gastando innecesariamente el producto de nuestro trabajo durante toda la vida. Será una revelación para cada quien, tal vez descubra que se come todo lo que gana. Eso no cambiará ni con un milagro, si no ponemos de nuestra parte, porque es una costumbre errónea que debe ser corregida. Posiblemente, la forma de gastar y administrar el dinero la tomamos de nuestros ancestros. No habría manera de corregir el error y cambiar ese hábito sin un entrenamiento donde pongamos nuestra intención de cambiarlo. También se tienen que des-hacer todos los obstáculos que nos impiden acceder a la verdadera herencia de abundancia que nos pertenece por ser los Hijos de Dios.

> El sueño del mundo adopta innumerables formas porque el cuerpo intenta probar de muchas maneras que es autónomo y real. Se engalana a sí mismo con objetos que ha comprado con discos de metal o con tiras de papel moneda que el mundo considera reales y de gran valor. Trabaja para adquirirlos, haciendo cosas que no tienen sentido, y luego los despilfarra intercambiándolos por cosas que ni necesita ni quiere (T-27.VIII.2:1-3).

El siguiente paso es hacer una porcentualización de la manera cómo realmente queremos distribuir nuestros ingresos, que funcione para cada quien en el rendimiento de su dinero. Cada miembro de la pareja tiene que hacer su ejercicio. Proyectamos en una tabla cómo es que aspiramos que sea la nueva distribución de nuestros recursos económicos de aquí en adelante. Es una labor titánica y de esfuerzo continuo, porque hay que cambiar el sistema de pensamiento fracasado de una economía de escasez que es la del ego, por otro sistema de pensamiento de gran abundancia que nos permita, mientras estemos en el exilio, vivir cómodamente, con todos los requerimientos satisfechos plenamente, mientras el Espíritu Santo lleva a cabo Su plan a través de nosotros. Para ello, lo más importante es aprender a ahorrar, cosa que hemos escuchado tantas veces.

> El dinero no es malo; sencillamente no es nada. Pero nadie aquí puede vivir sin ilusiones, pues aún debe esforzarse para lograr que la última ilusión sea aceptada por todo el mundo y en todas partes. En este único propósito tiene una magna función y es para lo que vino. Permanece aquí solo para eso. Y mientras esté aquí se le dará todo lo que pueda necesitar (P-3.III.1:5-10).

Establecida esta primera idea de cómo queremos invertir de ahora en adelante y de la manera que nos sea más útil, la ponemos en práctica. La recomendación de Bob Mandel fue dejar un diezmo, o sea, un 10% para lograr algún día tener Independencia Financiera (IF), la cual no gastaremos nunca mientras vivamos y que sirva para vivir de los intereses; también dejar un porcentaje para invertir, que yo llamo Grandes Inversiones (GI), con el propósito de aumentar los ingresos; le siguen la obtención de un vehículo propio o pago de transporte, vivienda propia, viajes, proyectos, hijos, ropa, servicio, comida, entretenimientos, estudios, crecimiento personal, etc. También recomendó abrir cuentas de ahorro en distintos bancos y una cuenta de ahorro sin tarjeta de débito en otra ciudad para resguardar de las emergencias que inventemos, el dinero de la IF. Es una transferencia de propósitos, de una manera de gastar desequilibradamente a otra más benéfica. Existen personas que vienen a este mundo con esto resuelto y no necesitan entrenarse. Mi tío Elímenas Campos Chaviel+ fue un buen ejemplo. Siempre nos aconsejó ahorrar un 30% e invertir el resto, nunca tuvo problemas de dinero.

> Si bien en la Creación de Dios no hay carencia, en lo que tú has fabricado es muy evidente. De hecho, ésa es la diferencia fundamental entre lo uno y lo otro. La idea de carencia implica que crees que estarías mejor en un estado que de alguna manera fuera diferente de aquel en el que ahora te encuentras. Antes de la "separación", que es lo que significa la "caída", no se carecía de nada. No había necesidades de ninguna clase. Las necesidades surgen únicamente cuando tú te privas a ti mismo. Actúas de acuerdo con el orden particular de necesidades que tú mismo estableces. Esto, a su vez, depende de la percepción que tienes de lo que eres (T-1.VI.1:3-10).

En mi experiencia inicial fracasé. No hubo manera, ganando tan poco y con tantos gastos, poder echarle algo a las cuentas. La carencia que experimentaba era muy fuerte. Colapsé y me enredé, lo que ahorraba después me lo pedía prestado. Debía el máximo a las tarjetas de crédito, etc. Transformar mi vieja manera de gastar no me fue fácil. Al año, volvió Bob Mandel a Venezuela a dar un taller de inmortalidad, y le preguntamos cómo hacer, porque la mayoría no tuvimos éxito. Le comentamos que al parecer no funciona. Nos dijo que nos entendía, pero que teníamos que empezar primero con dos cuentas de ahorro, una para guardar el 10% de la Independencia Financiera (IF) bien oculto de nosotros mismos hasta que tomara fuerza, y otra cuenta con el 10% para que aguantara el pensamiento de escasez que estamos erradicando y la mala costumbre de gastarlo todo. Lo puse a prueba esta vez y por fin me funcionó. Requirió de mucha constancia y ganas, tal vez alguna privación. Mi primera cuenta para mi IF en el Banco Casa Propia de Venezuela, pegó como quien siembra una matita, y echó raíces. Superé la urgencia de gastarlo todo y me fui acostumbrando a tener dinero que no tenía que gastar. Luego pegó la segunda cuenta en Banco Unión, hoy Banesco, y la llevé a un 20% que había estipulado para comprar un vehículo; posteriormente, las otras se fueron acomodando. Abrí cuenta en todos los bancos. Pude, en un lapso de tres años, superar mi emergencia económica progresivamente hasta que cambié la manera de invertir mi dinero, el cual dejó de ser un ídolo para mí. Cuando me sentí un poco adinerado tuve miedo de perder ese dinero porque no estaba acostumbrado a tener tanto guardado y sin tener en qué gastarlo. Se me ocurrió, para preservarlo sin miedo, dar una cantidad igual del 10% y así pude empezar a compartir sin riesgo y sin miedo de perder. Este diezmo ha sido lo que me ha convertido en un imán para el dinero, en la medida en que doy, más me llega. San Ignacio de Loyola dice que el Espíritu Santo es quien debe distribuir ese diezmo, que recibiremos señales.

> Es imposible no tener, pero es posible que no sepas que tienes. Estar dispuesto a dar es reconocer que tienes, y sólo estando dispuesto a dar puedes reconocer lo que tienes (T-9.II.11:6-7).

A medida que me entrenaba, y como ya era estudiante de *Un Curso de Milagros*, iba procesando todos los miedos que surgían: a ser rico, a sufrir pérdidas, a ser envidiado; también todo aquello que le negué o le robé a mis hermanos, mi envidia por lo que le correspondió a los otros, lo injusto que fui, la creencia de que para ganar alguien tenía que perder, mi arrogancia y mi especialismo. No sabía que había puesto tantos límites a mi prosperidad y no era consciente que lo tenía todo. Fueron surgiendo uno a uno los obstáculos.

> Quitar a uno para dar a otro es una injusticia contra ambos, pues los dos son iguales ante los ojos del Espíritu Santo. Su Padre les dio a ambos la misma herencia. El que desea tener más o tener menos, no es consciente de que lo tiene todo. El que él se crea privado de algo no le da el derecho de ser juez de lo que le corresponde a otro. Pues en tal caso, no puede sino sentir envidia y tratar de apoderarse de lo que le pertenece a aquel a quien juzga. No es imparcial ni puede ver de manera justa los derechos de otro porque no es consciente de los suyos propios (T-25.VIII.13:5-10).

Cuando hice mi primer seminario de prosperidad con Carlos Fraga, en Barquisimeto, estado Lara, Venezuela, hicimos un mapa del tesoro para colocar toda nuestra energía enfocada en algo que quisiésemos materializar; yo deseaba un carro nuevo y pedí el más grande; coloqué en el mapa la fotografía de una camioneta Chevrolet Blazer nueva de paquete, donde yo aparecía, y coloqué escrito todo lo que se estilaba en ese momento: ¡Que ese vehículo viene a mí en armonía con todo el universo! ¡Yo merezco algo así! y más. En acto de fe, vendí mi carro viejo, un Gol Volkswagen, porque vendría el vehículo nuevo con toda seguridad. Total que hice el ridículo y pasé vergüenza con los que me preguntaron por el mapa. No valieron las afirmaciones que hice con ese propósito. Estuve 7 años a pie, sin coche. De nada me sirvió el mapa del tesoro hasta que no limpié todos los obstáculos que había impuesto a ese deseo.

A los 6 años y medio de andar caminando, cuando llevaba reunidos dos millones de bolívares para comprar otro vehículo, que no rendían para la inicial de uno nuevo, me llama Rafael Antonio Lameda Macías quien había sido mi pareja y por el cual entré a este camino espiritual; me pide prestado los dos millones que yo tenía ahorrados, para él comprar un camión de trabajo. Mi primera respuesta fue no. La Voz me dijo que se los diera regalados. Mi ego no estaba de acuerdo, pero obedecí y renuncié a la esperanza de tener un carro. Cuando fuimos pareja, nunca quise que él tuviera un vehículo propio porque creí que me podía ser infiel. Cuando por fin él pudo tener su propio camión con mi ayuda, llegó mi carro nuevo 6 meses después, un Renault Twingo de paquete del año 2005 de manera fácil y milagrosa. Cuando le niego algo a alguien, me lo niego a mí mismo.

Lo que hagamos con el fin de obtener, podrá darse o no, gustarle al ego el resultado o no, pero tiene todo el poder de lograrse, ya que al menos nos enfrentará a los obstáculos que le pusimos a su obtención. Sin un propósito santo, lo que obtengamos no nos dará satisfacción plena, luego de que sea nuestro, desearemos otra cosa, pues lo pedimos desde la escasez. Rosa María Wynn contó que una vez hizo algo parecido y pidió un coche nuevo lujoso y en el tiempo previsto le llegó a su puerta, pero lo devolvió. Ella decía que lo importante de ese recurso de visualización es poder hacer un plan con un propósito santo a futuro, donde pidamos haber terminado las lecciones de *Un Curso de Milagros*, la iluminación, despertar, etc. Para estos propósitos tendremos todo el apoyo del Espíritu Santo.

> Sólo el Espíritu Santo sabe lo que necesitas. Y te proveerá de todas las cosas que no obstaculizan el camino hacia la luz. ¿Qué otra cosa podrías necesitar? Mientras estés en el tiempo, Él te proveerá de todo cuanto requieras, y lo renovará siempre que tengas necesidad de ello. No te privará de nada mientras lo precises. Mas Él sabe que todo cuanto necesitas es temporal, y que sólo durará hasta que dejes a un lado todas tus necesidades y te des cuenta de que todas ellas ya han sido satisfechas. El Espíritu Santo no tiene, por lo tanto, ningún interés en las cosas que te proporciona. Lo único que le interesa es asegurarse de que no te valgas de ellas para prolongar tu estadía en el tiempo. Sabe que ahí no estás en casa, y no es Su Voluntad que demores el jubiloso regreso a tu hogar (T-13.VII.12:1-8).

Hoy en día tengo más de 18 años en esta práctica y me acostumbré a estimar al dinero sin apego y a jugar con él. Aspiro que todo esto que comparto le sirva a alguien para cambiar su manera de percibir al dinero. Tengo porcentualizada en una libreta los rubros de esta manera:

10% D. Diezmo, que lo doy cuando me piden y donde el Espíritu Santo indique que se dé.

10% IF. Independencia Financiera. Guardado en un banco para que circule el dinero y gane intereses. Genera tranquilidad y seguridad financiera. Ya no dependo de nadie. Sirve como si fuera mi propio banco.

16% CCN. Casa Caño Negro. Esta cuenta la incorporé de último y ajusté todas las demás cuentas de como estaban anteriormente. Es el Proyecto de un Centro de Paz con una Casa para Retiros Espirituales dedicada a *Un Curso de Milagros*, que me pidió la Voz que llevara a cabo sobre un terreno que heredé de mi hermano Gabriel y que abrió sus puertas el 28 de abril del 2018, con motivo del término del novenario de rezos por la muerte de mi mamá. El 70% de la ganancia de todas las Maestrías que he impartido, y por indicación del Espíritu Santo, han sido utilizadas en esta obra diseñada por mí al estilo colonial caroreño. Para esta obra también he recibido donaciones. Ver apéndice.

13% CN. Carro Nuevo. Me ha servido para comprar y mantener en perfecto estado los dos vehículos que tengo. El Twingo y una camioneta Toyota Hilux color negro unión, de paquete, que milagrosamente me vendió mi amigo y hermano de toda la vida Juan José Perera Herrera, también estudiante de *Un Curso de Milagros* y mayordomo de la procesión del miércoles santo de la imagen de Jesús Crucificado en la semana santa de Carora, en el 2014. La camioneta me la anunció el Espíritu Santo para servir al Centro de Paz en la encerrona en la tercera Formación de Maestros de Dios, Modulo 2, que hice con Rosa María Wynn en Venezuela.

7% GI. Grandes Inversiones. Este recurso lo uso para hacer negocios y hacer mejoras y ampliaciones a los locales comerciales de dos edificaciones que construyó mi abuelo Gonzalo González para sus cines y que hoy me pertenecen. Soy el responsable de esas edificaciones y tengo que tener recursos para su mantenimiento.

10% V. Viajes. Tengo una cuenta que me sostiene cuando salgo de Carora, ciudad donde nací y vivo, o cuando salgo de Venezuela al exterior.

5% P. Prestaciones. Dejé ese porcentaje como el pago de mis prestaciones sociales decembrinas, porque trabajo de manera independiente. Y deseaba hacer los gastos de navidad sin culpa y sin endeudarme. Lo invierto todo en una reunión familiar los días 25 de diciembre para celebrar el nacimiento de Jesús y brindarle delicateses a mi mamá hoy difunta, a mis hermanos, a mis sobrinos, a mis tías, mis primos y mis amigos.

4% C. Casa. Para los gastos de reposición y mantenimiento de mi vivienda. Me encantan las matas.

3% R. Ropa. Para vestirme y cubrir todos mis gastos personales.

22% MIO. De despilfarrar el 100% de mis ingresos logré sostenerme ahora con el 22% de lo que me envía el Espíritu Santo. Con esto compro comida, servicios, pago a mi asistente, tarjetas de crédito, entretenimiento, paseos e invitaciones. Sin necesidad de tocar el resto que tiene otro propósito.

Todos los porcentajes pueden cambiar según se logran algunas metas. Los intereses se tienen que gastar. La experiencia es que todos los gastos innecesarios desaparecen.

Siempre reconozco públicamente que el Espíritu Santo es mi administrador, pues le entregué todas mis pertenencias, mis relaciones, mis recursos económicos y todo lo que sé hacer para que le sirva a Su plan. Ya puedo vivir con dinero, sin culpa y sin preocupación. El dinero que deja de ser un ídolo se vuelve amoroso y si tiene un propósito santo atrae a sí mismo lo semejante a él. "Pues la falta de santidad procura reforzarse a sí misma tal como la santidad lo hace, atrayendo hacia sí lo que percibe como afín a ella" (T-17.III.2:10).

Del libro *Plenitud. La mirada del Nahual,* de Bert Hellinger dedicado con amor y gratitud a Don Juan, el Nahual del que habla Carlos Castañeda en sus libros, saqué algunas citas y conclusiones que nos pueden apoyar acerca del dinero. Don Juan es el Maestro por excelencia de Rosa María Wynn, quien leyó todos los libros de Carlos Castañeda y los puso en práctica. *El dinero es fuerza. Tiene un efecto. Algo le precede.* El dinero busca irse si lo cobrado sobrepasa el servicio que se prestó o si es inferior al servicio que se ha brindado; también cuando se acumula sin un propósito, y cuando le es quitado a otro produciéndole un daño; se retira cuando habiendo recibido un servicio que se nos ofreció con mucho amor, lo menospreciamos como es el trabajo de nuestros padres. Cuando no respetamos el servicio gratuito que se nos ofrece, este deja de darse. El dinero funciona en un circuito donde se paga una prestación y retorna. *El dinero se mantiene alejado de aquel que lo desprecia. Aquel que estima el dinero puede dejar que siga su curso. Lo tiene de una cuerda larga como un perro. Tanto más le gusta regresar a él cuando lo necesita y lo llama. El dinero lo tomamos y lo dejamos de buena manera.* Él presta un servicio con amor. Si nos es dado a través de otro, por ejemplo una herencia, preguntamos cuál es su propósito y lo llevamos a cabo, de lo contrario se vuelve una carga.

Sólo aquellos que tienen una sensación real y duradera de abundancia pueden ser verdaderamente caritativos. Esto resulta obvio cuando consideras lo que realmente quiere decir ser caritativo. Para el ego, dar cualquier cosa significa tener que privarse de ello. Cuando asocias el acto de dar con el sacrificio, das solamente porque crees que de alguna forma vas a obtener algo mejor y puedes, por lo tanto, prescindir de la cosa que das. "Dar para obtener" es una ley ineludible del ego, que siempre se evalúa a sí mismo en función de otros egos. Por lo tanto, está siempre obsesionado con la idea de la escasez, que es la creencia que le dio origen (T-4.II.6:1-6).

Cuando logré con éxito entrenar mi mente, pude entender que cada quien que tenga problemas de escasez con el dinero tiene que renunciar a lo que puede obtener de ese ídolo, dejar de despilfarrarlo y aprender a ahorrarlo con otro propósito y encaminarse en esa dirección. El Espíritu Santo nos necesita dispuestos para ayudar en Su Plan de Expiación. Es nuestra responsabilidad entrenarnos.

Nuestra sensación de ser inadecuados, débiles y de estar incompletos procede del gran valor que le hemos otorgado al "principio de la escasez" el cual rige al mundo de las ilusiones. Desde este punto de vista, buscamos en otros lo que consideramos que nos falta a nosotros. "Amamos" a otro con el objeto de ver que podemos obtener de él. De hecho, a esto es a lo que en el mundo de los sueños se le llama amor (Prefacio.p.xiv).

El deseo de obtener es el principio de la escasez porque refleja la creencia de que a otro se le dio lo que a mí se me negó y se lo tengo que robar. Esa idea no me permite recordar que lo tengo todo y gozo de la herencia que me corresponde en partes iguales.

> Si pagar se equipara con obtener, fijarás el precio bajo, pero exigirás un alto rendimiento. Te habrás olvidado de que poner precio es evaluar, de tal modo que el rendimiento que recibes es directamente proporcional al valor atribuido. Por otra parte, si pagar se asocia con dar no se puede percibir como una pérdida, y la relación recíproca entre dar y recibir se reconoce. En este caso se fija un precio alto debido al valor del rendimiento. Por obtener hay que pagar un precio: se pierde de vista lo que tiene valor, haciendo inevitable el que no estimes lo que recibes. Al atribuirle poco valor, no lo apreciarás ni lo desearás (T-9.II.10:1-6).

En el camino del entrenamiento se tienen que procesar todos los límites que encontremos, así como todos los obstáculos que le impusimos a nuestra legítima abundancia. "Tu herencia no se puede comprar ni vender. Ninguna parte de la Filiación puede quedar desheredada, pues Dios goza de plenitud y todas Sus extensiones son como Él" (T-12. IV.6:7-8). Por ello tenemos que trabajar cada situación que nos presente la vida referente a la economía. Se hace siguiendo todos los pasos de le ÉR, descritos en el Libro Primero, Segunda Parte, Capítulo 3, desde establecer como única meta la Paz de Dios, que es la paz interior, hasta la entrega a la Expiación, tanto para el terapeuta, como para el paciente. Para todo el que tenga problemas con el dinero y que le quite la paz. Por ejemplo: ¡Que alguien no me paga! ¡Me arruiné! ¡Tengo problemas con mis hermanos por una herencia! ¡Tengo una deuda que me cobran y que no puedo pagar! ¡No tengo buenas ventas en el negocio! ¡Los empleados me roban! ¡Mantengo a mi pareja que no trabaja! ¡Tengo necesidades de dinero! ¡Mi socio me traicionó! ¡La pareja se quedó con todo! ¡Me volví loco gastando! Todas son un buen ejemplo para hacer una psicoterapia.

> Todo lo que el ego te dice que necesitas te hará daño. Pues si bien el ego te exhorta una y otra vez a que obtengas todo cuanto puedas, te deja sin nada, pues te exige que le entregues todo lo que obtienes. E incluso de las mismas manos que lo obtuvieron, será arrebatado y arrojado al polvo. Pues donde el ego ve salvación, ve también separación, y de esta forma pierdes todo lo que has adquirido en su nombre. No te preguntes a ti mismo, por lo tanto, qué es lo que necesitas, pues no lo sabes, y lo que te aconsejes a ti mismo te

hará daño. Pues lo que crees necesitar servirá simplemente para fortificar tu mundo contra la luz y para hacer que no estés dispuesto a cuestionar el valor que este mundo tiene realmente para ti (T-13.VII.11:1-6).

Invocados los ayudantes, le entregamos a Dios toda la angustia, todo lo que hemos hecho para salir de la situación y el fracaso que hemos tenido, aquello que nos duele. Le decimos a Dios que nos sentimos humillados por Él, que le echamos la culpa de nuestra ruina, que hicimos un ídolo del dinero y nos abandonó, que estamos experimentando carencias, y por allí nos vamos. Que no me gusta cómo me estoy sintiendo. Que eso no puede ser Su Voluntad. Que tenemos que habernos equivocado en algún momento de nuestro pasado.

Puedes estar seguro de que la solución a cualquier problema que el Espíritu Santo resuelva será siempre una solución en la que nadie pierde. Y esto tiene que ser verdad porque Él no le exige sacrificios a nadie. Cualquier solución que le exija a alguien la más mínima pérdida, no habrá resuelto el problema, sino que lo habrá empeorado, haciéndolo más difícil de resolver y más injusto. Ver la inocencia hace que el castigo sea imposible y la justicia inevitable. La percepción del Espíritu Santo no da cabida al ataque. Sólo una pérdida podría justificar el ataque, mas Él no ve pérdidas de ninguna clase (T-25.IX.3:1-3; 4:1-3).

Cuando vayamos a hacer las preguntas al Padre, añadimos a las preguntas iniciales del método: ¿A quién le quedé debiendo? ¿A quién le desconocí su derecho? ¿A quién envidié? ¿A quién robé? ¿De quién abusé? ¿A quién engañé y estafé? ¿A quién le dejé de dar lo que Tú Padre si le hubieses dado? ¿A quién sigo culpando de mi situación? ¿A quién le hice lo mismo? ¿A quién juzgué de ladrón? Espíritu Santo busca y halla en mi memoria…. Luego que llegue a mi conciencia la causa del conflicto, me hago responsable, le reconozco a los involucrados: ¡Sí te lo hice! ¡Traicioné tu confianza! ¡Te robé! ¡Te usé para que parecieras el malo de mi película! ¡Quise parecer tu víctima! ¡Me vengué de ti! ¡Yo había hecho lo mismo antes y me valí de ti para "expiar" con mi dinero! ¡Te asigné un papel que representaras para mí! Pero me equivoqué, me dejé engañar a sabiendas por mi falsa identidad y mi deseo de ser especial, creí que me la estaba "comiendo", no sabía las consecuencias…. Sigo el procedimiento de la ÉR del Libro Primero, Segunda Parte, Capítulo 3, Sección X, hasta entregarle la causa a la Expiación para que sea disuelta y deshecha, quede sin consecuencias y sin efectos, en la memoria de mi mente y en la de los involucrados. Le pido al Espíritu Santo tome una nueva decisión en favor de Dios por mí. Ver Tabla de contrastes en el apéndice.

También podemos utilizar representantes para constelar y conseguir la causa del problema, colocando a alguno para el dinero y a otro para el consultante y para las personas a las que hacemos responsables de nuestra escasez. El Espíritu Santo inspirará al terapeuta y de allí surgirá el movimiento. Ver Libro Tercero.

> Siéntate sosegadamente, y según contemplas el mundo que ves, repite para tus adentros: "El mundo real no es así. En él no hay edificios ni calles por donde sus habitantes caminan solos y separados. En él no hay tiendas donde la gente compra una infinidad de cosas innecesarias. No está iluminado por luces artificiales ni la noche desciende sobre él. No tiene días radiantes que luego se nublan. En el mundo real nadie sufre pérdidas de ninguna clase. En él todo resplandece, y resplandece eternamente" (T-13.VII.1:1-8).

CAPÍTULO 4
ACOSTARSE, DORMIR Y DESPERTARSE

I. EL PROPÓSITO DE LOS SUEÑOS NOCTURNOS

"Descansa en paz" es una bendición para los vivos, no para los muertos, ya que el descanso procede de despertar, no de dormir. El Espíritu Santo, no obstante, aprovecha también el tiempo que pasas durmiendo, y si se lo permites, puede utilizar los sueños que tienes mientras duermes para ayudarte a despertar (T-8.IX.3:5,8).

Una gran oportunidad para conseguir cosas pendientes por procesar, perdonar y expiar con el Espíritu Santo, son los sueños nocturnos. En esa gama tan compleja de sueños que se entretejen, sean divertidos o no, algunos sueños que puedan despertarnos repentinamente, siempre dejan una emoción; esta puede ser de miedo, de dolor, de desesperación, de tristeza o de cosas que nos alegran. Independientemente de que los sueños revelen un número para jugar en la lotería o algún evento premonitorio del futuro, pueden tener otro propósito si los ponemos, antes de ir a dormir, en las manos del Espíritu Santo para que los interprete por nosotros y los use a nuestro favor dentro del plan de Dios para la salvación y Su plan de Expiación. Él puede procesar por nosotros cosas que estén pendientes de procesarse a través de nuestros sueños mientras dormimos. "El Espíritu Santo, siempre práctico en Su sabiduría, acepta tus sueños y los emplea en beneficio de tu despertar. Tú te habrías valido de ellos para seguir durmiendo. Dije anteriormente que el primer cambio que tiene que producirse antes de que los sueños desaparezcan, es que tus sueños de miedo se conviertan en sueños felices" (T-18.II.6:1-3).

A veces no nos acordamos del sueño, y algunos recomiendan anotarlos. Pero sin importar lo que se sueñe, vamos a aprender a estar atentos de lo que genere en nosotros cualquier sueño y quiénes son los personajes con los que se soñó. Un sueño te puede revelar un gran enojo contra alguien específico que no te habías dado cuenta; puede estar disfrazado de la manera que parezca que es con otra persona que no tiene relación con el enojo. No estoy molesto por la razón que creo. Pero ya tenemos una señal. Tenemos un resentimiento. El resto corre por cuenta del Espíritu Santo. Ya despiertos, pedimos saber: ¿Con quién es la molestia cuando en el sueño no se nos manifestó directamente el personaje? ¿Con quién es la tristeza? ¿A quién le tengo miedo? Debemos preguntarnos: ¿Qué temo que pase? ¿Qué creí que me pudiera suceder? ¿De qué me estoy defendiendo? Lo importante es que entre tantas cosas que se sueñan, un sueño puede revelar una falta de perdón. ¿Cuál es su propósito? Que descubras la causa de esa emoción, de ese miedo, de eso que culpas, y lo proceses con el Espíritu Santo y te hagas, al levantarte, una psicoterapia siguiendo los pasos aprendidos anteriormente. Reconoces tu responsabilidad, perdonas, liberas al otro, y a la Expiación. Suponte que sueñas que andas desnudo por la calle y eso te incomoda, pregúntate al despertar: ¿Qué es lo peor que me pudiera pasar? De repente hay una vergüenza oculta por sanar.

Lo que sueñes en la noche, aunque parezca demasiado real, es falso y no tiene poder sobre ti, no se va a repetir cuando estés despierto, lo cuentes o no. "En Dios estás en tu hogar, soñando con el exilio, pero siendo perfectamente capaz de despertar a la realidad. ¿Deseas realmente hacerlo? Reconoces por experiencia propia que lo que ves en sueños lo consideras real mientras duermes. Mas en el instante en que te despiertas te das cuenta de que todo lo que parecía ocurrir en el sueño en realidad no había ocurrido. Esto no te parece extraño, si bien todas las leyes de aquello a lo que despiertas fueron violadas mientras dormías. ¿No será que simplemente pasaste de un sueño a otro sin haber despertado realmente?" (T-10.I.2:1-6).

Cuando hay sueños recurrentes y molestan, pasa lo mismo. Son un efecto indeseable y tienen una causa indeseable. Hay una deuda de perdón, que al procesarla, hallar la causa y expiarla con el Espíritu Santo, desaparecen. Lo mismo que pasa con el insomnio, es un efecto indeseable producto de un gran miedo, de algo que hicimos, dijimos o pensamos sin amor con respecto a otro. Quien nos puede llevar a la fuente del miedo es el Espíritu Santo y lo podemos procesar y expiar. "Un sueño es como una memoria, en el sentido de que te presenta las imágenes que quieres que se te muestren" (T-28.II.4:5).

Como ejemplo puedo comentar un sueño que tuve con dos de mis ocho hermanos donde peleábamos por la comida, y yo les gritaba: ¡mezquinos, mezquinos, mezquinos! muy molesto. Y me desperté. Inmediatamente entendí que en mí, había mezquindad y no la había hecho consciente y los culpaba a ellos de mi propia mezquindad en la vida cotidiana. Entonces pedí que se me llevara al momento de mi pasado donde les asigné ese papel a mis hermanos. Cuando lo vi, me hice responsable. Visualizándolos, les pedí perdón y los perdoné por lo mezquinos que nunca fueron, les reconocí que el mezquino era yo y los liberé; la culpa que les eché la dejé en manos de Jesucristo. Mi error lo puse en las manos de la Expiación del Espíritu Santo y le pedí que tomara una nueva decisión en favor de Dios por mí y que me diera una nueva manera de verlos que me diera paz. Luego me sorprendí cuando descubrí lo generosos que siempre fueron.

Lo maravilloso de procesar las emociones que suscitan algunos sueños nocturnos, es que con el tiempo vuelves a soñar con una situación parecida donde ya no hay el enojo, y te encuentras feliz con esas personas y las ves sonreír. Lo que indica que el perdón se consumó. Muchos de nuestros enemigos, a quienes vemos en los sueños, luego de procesar, perdonar y expiar con el Espíritu Santo, los volvemos a soñar sin ningún conflicto entre nosotros, mostrando con certeza que el trabajo de la Expiación funcionó y ya se manifiesta en el subconsciente. "Primero soñarás con la paz, y luego despertarás a ella. Tu primer intercambio de lo que has hecho por lo que realmente deseas es el intercambio de las pesadillas por los sueños felices de amor. En ellos se encuentran tus verdaderas percepciones, pues el Espíritu Santo corrige el mundo de los sueños, en el que reside toda percepción" (T-13.VII.9:1-3).

Rosa María nos recomendó soñar felices a nuestros seres queridos a través de la visualización. También nos enseñó a pedir sueños lúcidos, con el propósito de mantenernos despiertos y conscientes dentro de un sueño nocturno e ir cancelando la realidad aparente de este mundo, hasta que puedas vivir aquí, sabiendo que no eres de aquí. Yo lo experimenté con éxito aunque lo pedí por varias noches. Tienes que pedirlo antes de irte a dormir y dar una orden que deberás ejecutar cuando sueñas el sueño lúcido para que sepas que estás despierto dentro de ese sueño, como por ejemplo: mirarte las manos. Cuando me ocurrió por primera vez estando de visita en la casa de mi prima hermana Orfelina Belén Sánchez y su esposo Johnny Molina en Lakeland, Florida, en los Estados Unidos; de la emoción yo aplaudía.

He aprendido con *Un Curso de Milagros* a entregar la noche y los sueños al Espíritu Santo. Pero primero agradezco el día y todo lo que se me dio, los alimentos, las personas que conocí, los milagros que se me concedieron, etc. Pido perdón por mis errores y pido otra manera de ver lo acontecido. Le declaro la paz a la noche, y elijo permanecer en estado de paz durante toda la noche. Digo: cuando despierte elijo permanecer en perfecta paz. Luego ofrezco el instante santo al Espíritu Santo y me quedo en silencio a escuchar Su Voz y los mensajes que he de recibir. Me ha funcionado de maravilla. Si al despertar experimento un síntoma corporal le pido al Espíritu Santo que lo interprete por mí.

Acepta el sueño que Él te dio en lugar del tuyo. No es difícil cambiar un sueño una vez que se ha identificado al soñador. Descansa en el Espíritu Santo y permite que Sus dulces sueños reemplacen a los que soñaste aterrorizado, temiéndole a la muerte (T-27.VII.14:1-3).

Los dulces sueños que el Espíritu Santo ofrece son diferentes de los del mundo, donde lo único que uno puede hacer es soñar que está despierto. Los sueños que el perdón le permite percibir a la mente no inducen a otra forma de sueño a fin de que el soñador pueda soñar otro sueño. Sus sueños felices son los heraldos de que la verdad ha alboreado en su mente. Te conducen del sueño a un dulce despertar, de modo que todos los sueños desvanecen. Y así, sanan para toda la eternidad (L-pI.140.3:1-5).

II. Meditación para el despertar

Pues tu consejero y tú tenéis que estar de acuerdo con respecto a lo que deseas antes de que pueda ocurrir. Es este convenio lo que permite que todas las cosas ocurran. Pues nada puede ocurrir sin algún tipo de unión, ya sea con un sueño de juicios o con la Voz que habla en favor de Dios. Las decisiones producen resultados *precisamente* porque no se toman aisladamente. Las tomáis tu consejero y tú, y son tanto para ti como para el mundo (T-30.I.16:2-6).

En el Capítulo 30, Sección I, de *Un Curso de Milagros* están las Reglas Para Tomar Decisiones. De la aplicación de estas reglas, fui experimentando cómo agradecer el nuevo día y pasar con Dios los primeros minutos de la mañana al despertarme. Para eso te entrenan las lecciones de *Un Curso de Milagros*. Lo importante es que nuestros primeros pensamientos sean los que comparto con Dios. Ponemos el día en manos del Espíritu Santo para que Él lo guíe y renunciamos a cualquier plan trazado por nuestra cuenta, con la fe puesta en que Él sabe lo que nos conviene hacer ese día, que nos dé paz. Además, renunciamos a querer ser el juez de cómo proceder. Cuando nos rendimos y dejamos el día en las manos del Espíritu hay garantía de que ese día será el más feliz de nuestras vidas. Sin embargo, puedes, aun así, elegir la orientación del ego y unirte a su plan de salvación a través de la defensa y el ataque como lo has venido haciendo toda la vida. Las dos primeras oraciones las aprendí de Bob Mandel.

La Voluntad de Dios para ti es perfecta felicidad, toda vez que el pecado no existe y el sufrimiento no tiene causa. La dicha es justa, y el dolor no es sino señal de que te has equivocado con respecto a ti mismo (L-pI.101.6:1-2).

Otra práctica para la mañana al levantarse, luego de meditar, entregar el día, pasar un rato con Dios, y recomendada por Rosa María Wynn, era: pensar y ver feliz por un rato a cada hermano o hermana que trajéramos o viniera a nuestra mente; que nos imagináramos verlos sonreír y reírse unos con otros. Que los contempláramos en plenitud, llenos de dicha y en perfecto gozo. Prósperos y abundantes. "Nadie puede recibir, y comprender que ha recibido, hasta que no da" (L-pI.154.8:6).

Meditación para el despertar

Gracias Padre amado por volver mi alma al cuerpo un día más. Tomo un aire de Dios y mi alma vuelve al cuerpo, que estuvo deambulando toda la noche. Gracias Padre por este nuevo día.

Éste es el día que deseo: el día más feliz de mi vida, el día de mi perfecto amor, de mi perfecta paz, de mi perfecta felicidad. Hoy elijo pasar el día en perfecta calma, en perfecto amor, en perfecta felicidad.

Hoy no tomaré ninguna decisión por mi cuenta, y no seré el juez de lo que se deba hacer.

Yo quiero hoy contemplar un mundo perdonado y contemplar la faz de Cristo en cada uno de mis hermanos y ver a Dios en cada uno de mis hermanos. Ser testigo del Cristo viviente que mora en cada uno de mis hermanos y recordar quien soy, que aún sigo siendo tal y como Dios me creó. Que no soy un cuerpo, que soy Libre. Si éste es el día que deseo, éste será el día que se me concederá.

Jesucristo estoy dispuesto a obrar los milagros que Tú esperes de mí, otorgarlos allí donde Tú quieres que se manifiesten. "Pregúntame qué milagros debes llevar a cabo. Ello te ahorrará esfuerzos innecesarios porque estarás actuando bajo comunicación directa" (T-1.III.4:3-4).

Yo le declaro la paz a este día y elijo permanecer en estado de paz durante todo este día. Y cuando termine el día, elijo permanecer en estado de paz. Espíritu Santo, yo me hago a un lado para que me muestres el camino. Y si hay algo que tenga que decir Tú me lo dirás. Y si hay algo que tenga que hacer tú me lo indicarás. Y si tengo que ir a algún lugar, Tú guiarás mis pasos. Se Tú quien dirige, estoy seguro de que Tú dirección me brindará paz.

Espíritu Santo sana mi mente, te ofrezco este instante Santo.

Hago silencio y escucho Su Voz.

¿Qué reflejan tus guiones, sino tus planes acerca de cómo debería transcurrir el día? Y así, determinas lo que es un desastre o un triunfo, un avance o un retroceso, una ganancia o una pérdida. Estos juicios se hacen en conformidad con los papeles que el guión asigna. El hecho de que de por sí no significan nada queda demostrado por la facilidad con que estas designaciones cambian a la luz de otros juicios que se hacen acerca de diferentes aspectos de la experiencia. Y luego, visto en retrospectiva, crees ver otro significado en conexión con lo que ocurrió previamente. ¿Qué has hecho realmente, sino demostrar que nada de ello tenía significado alguno? Mas tú le atribuías significado a la luz de objetivos cambiantes, que alteraban el significado a medida que cambiaban (T-30.VII.2:1-7).

TERCERA PARTE
Regalos de Rosa María Wynn

Capítulo 1
De su inspiración

I. Pedir y ofrecer milagros

Un milagro es una corrección. No crea, ni cambia realmente nada en absoluto. Simplemente observa la devastación y le recuerda a la mente que lo que ve es falso. En el milagro reside el don de la gracia, pues se da y se recibe cual uno solo (L-pII.13.1:1-3; 2:1).

Pedir milagros es una de las dinámicas que más le encantaba a Rosa María Wynn, creo que es de su autoría. Se realiza entre un grupo de personas con el propósito de pedir y ofrecer milagros para otros. Nunca se pide milagros para uno mismo, sino para el prójimo; porque todo lo que doy es a mí mismo a quien se lo doy, y todo lo que ofrezco y pido para mis hermanos con amor, regresa a mí multiplicado de la manera que más me conviene. "Pues el Amor sólo puede dar, y lo que se da en Su Nombre adopta las formas más útiles posibles en un mundo de formas" (L-pI.186.13:5).

Y lo que pides con amor vendrá a ti. El amor siempre responde, pues es incapaz de negar una petición de ayuda o de no oír los gritos de dolor que se elevan hasta él desde todos los rincones de este extraño mundo que construiste, pero que realmente no deseas (T-13.VII.4:2-3).

La dinámica comienza con una breve meditación para invocar a los ayudantes. Invoco el Nombre de Dios y el mío propio, uno mi mente a la de Jesús y me hago a un lado para que el Espíritu Santo dirija la petición de milagros. Pido un instante santo. Ya en silencio decimos: Espíritu Santo trae a mi mente aquellas personas que necesitan un milagro. Jesucristo es el que los otorga, por lo tanto, retiramos nuestra buena intención. "No hay falsa apariencia que no desaparezca, si en lugar de ella pides un milagro" (T-30.VIII.6:5).

Dice Jesús en Su curso:

Cuando le ofreces un milagro a cualquiera de mis hermanos, te lo ofreces *a ti mismo* y me lo ofreces a mí. La razón por la que te lo ofreces a ti mismo primero es porque yo no necesito milagros para mi propia Expiación, pero estoy detrás de ti por si fracasas temporalmente (T-1.III.1:2-3).

Comienza en voz alta un participante y luego le siguen de uno en uno los demás de esta manera, a medida que se le inspira aquel que lo necesita:

—Pido un milagro para _____, en el Nombre de Cristo Jesús.

—En el Nombre de Jesucristo pido un milagro para _____

—Pido un milagro Padre amado para _____, Tú sabes el milagro que necesita en Nombre de Jesucristo.

—Yo ofrezco un milagro para _____, en el Nombre de Cristo Jesús.

—Ofrezco el milagro que más le convenga a _____, en Nombre de Jesucristo.

—Pido un milagro de sanación para _____, en el Nombre de Jesucristo.

Y todos en conjunto respondemos amén, en voz alta. Luego le sigue el otro y pide otro milagro. Si alguien olvida pedirlo en Nombre de Jesús, antes de responder el amén lo decimos: en el Nombre de Cristo Jesús, amén. Si dos personas hablan al mismo tiempo, una se calla y le permite a la otra que pida su milagro primero y luego le sigue.

> Al principio el milagro se acepta mediante la fe, porque pedirlo implica que la mente está ahora lista para concebir aquello que no puede ver ni entender. No obstante, la fe convocará a sus testigos para demostrar que aquello en lo que se basa realmente existe. Y así, el milagro justificará tu fe en él y probará que esa fe descansaba sobre un mundo más real que el que antes veías: un mundo que ha sido redimido de lo que tú pensabas que se encontraba allí (L-pII.13.4:1-3).

Lo recomendable es pedir tres milagros por persona sobre todo si la cantidad de gente es mucha, porque el ejercicio lleva tiempo. Puede que rinda el tiempo para pedir y ofrecer más milagros. Es muy usual que se utilice esta sesión para pedir y ofrecer milagros a los amigos participantes de ese día, a nuestros grupos familiares y también por el bienestar de los países o algunas situaciones mundiales. "Que la paz sea con todos los corazones que la buscan. La luz ha venido a ofrecer milagros para bendecir a este mundo exhausto. Éste hallará descanso hoy, pues ofreceremos lo que hemos recibido" (L-pII.345.2:1-3).

Si el participante tiene un ferviente deseo de alcanzar algo material, o satisfacer alguna necesidad, pide el milagro para alguna otra persona que requiera lo mismo, pero siempre para otro. "Hoy sólo ofrezco milagros, pues quiero que retornen a mí" (L-pII.345). Yo también pedí el milagro para los estudiantes que desearan acompañar en los viajes a Rosa María y realizar las Formaciones de Maestros de Dios que ella impartía, porque lo quería para mí.

Plegaria:

Los milagros que concedo se me devuelven en la forma que más me puede ayudar con los problemas que percibo. Padre, en el Cielo es diferente, pues allí no hay necesidades. Pero aquí en la tierra, el milagro se parece más a Tus regalos que cualquier otro regalo que yo pueda dar. Así pues, que hoy haga sólo este regalo, que al haber nacido del verdadero perdón, ilumina el camino que debo recorrer para recordarte (L-pII.345.1:4-7).

Al final se deja un espacio de silencio para que cada quien pida y ofrezca los milagros que cree que le faltaron y luego se pide un milagro en general para todos los participantes. Se cierra con un profundo agradecimiento a Dios, al Espíritu Santo y a Jesucristo por todos los milagros que concedió a través de nuestra intercesión, confiados de que no tenemos que hacer nada más porque todos los milagros han sido escuchados y concedidos. Terminamos la meditación.

"El poder de la fe jamás se puede reconocer si se deposita en el pecado. Pero siempre se reconoce si se deposita en el amor" (T-21.III.2:6-7). Particularmente, las veces que he hecho el ejercicio desde la primera vez con Rosa María, se han concedido todos los milagros que he pedido y ofrecido. No se debe pedir la forma del milagro, el Espíritu Santo sabe la forma en que lo necesita cada quien. No debemos inducirlo.

Ahora es usual pedir milagros para alguien en particular en los grupos de WhatsApp, y todos los participantes del grupo responden amén.

Los milagros son como gotas de lluvia regeneradora que caen del Cielo sobre un mundo árido y polvoriento, al cual criaturas hambrientas y sedientas vienen a morir. Ahora tienen agua. Ahora el mundo está lleno de verdor. Y por doquier brotan señales de vida para demostrar que lo que nace jamás puede morir, pues lo que tiene vida es inmortal (L-pII.13.5:1-4).

Rosa María Wynn en su taller de Luminiscencia en Cuernavaca, Morelos, México, en el 2010, con las psicoterapeutas María Elena Jageregger Romero, correctora de este libro, Liliana Durán, la primera organizadora de las Maestrías con la ÉR en México, Celina Gómez Aguilera y todas las participantes femeninas.

Lisbeth Palmar de Adrianza, Ignacio González Campos, Rosa María Wynn y Claudia Alejandra Flores, de Puebla, en el taller de Luminiscencia en Cuernavaca, Morelos, México, en el 2010.

Capítulo 2
Antecesores

I. Introducción

De acuerdo con la interpretación del ego, "Castigaré los pecados de los padres hasta la tercera y cuarta generación" es una aseveración especialmente cruel. Se convierte simplemente en un intento por parte del ego de garantizar su propia supervivencia. Para el Espíritu Santo, la frase significa que en las generaciones posteriores Él todavía podrá reinterpretar lo que las generaciones previas habían entendido mal, anulando así la capacidad de dichos pensamientos para suscitar miedo (T-5.VI.8:1-3).

Es definitivo que la responsabilidad y la culpa que queremos proyectar en nuestros antepasados y antecesores por las consecuencias de lo que nos ocurre hoy en día, es falsa. Ellos entendieron mal, se equivocaron en su momento y cometieron errores, pero es mentira que los aparentes efectos que generaron dichos errores y decisiones equivocadas o sus culpas, tengan algún poder sobre nosotros en nuestras vidas y en las vidas de las generaciones siguientes. "Nada, excepto mis propios pensamientos, me puede hacer daño" (L-pII.281). Lo que me hace daño y tiene efecto sobre mí, es la interpretación que hice de lo que supe y escuché de dichos hechos, donde se vieron involucrados mis antecesores en el pasado. Y cada interpretación que hice, amparada en mi propia manera de ver lo que pasó, tiene que ser deshecha en mi mente y en la mente de los que me antecedieron, en la mente de los que ya no están, en la de los que me descienden y en la de los que están por venir, a través de la Expiación del Espíritu Santo, Quien podrá reinterpretar de nuevo todo lo que se entendió mal.

A aquellos que saben que son uno con Dios jamás se les puede negar ningún milagro. Ni uno solo de sus pensamientos carece del poder de sanar toda forma de sufrimiento en cualquier persona, sea ésta de tiempos pasados o aún por venir, y de hacerlo tan fácilmente como en las que ahora caminan a su lado. Sus pensamientos son intemporales, y no tienen nada que ver con el tiempo ni con la distancia (L-pI.124.6:1-3).

Cuando hay culpa en alguno de nuestros ancestros, falta de perdón, deudas, excluidos, tragedias, pérdidas, ruinas, fracasos, asesinatos, etc., tenemos la tendencia de llevar esa carga a manera de pago por la vida que nos dieron y el sentido de pertenencia, a hacer justicia por nuestra cuenta contra aquellos que en apariencia le hicieron daño a nuestra familia, a repetir las historias dolorosas, a representar a aquellos excluidos o traerlos de nuevo a la familia.

Al no estar de acuerdo con lo que experimentaron, al condenar lo que pasó, al pretender interferir y cambiar las cosas tal como sucedieron tratando de mejorarlas, caemos en la tentación de repetirlas y recrearlas de nuevo. Esto representa una falta de respeto con lo que les tocó vivir en su momento, cuando lo que desean nuestros ancestros es que seamos felices y libres. El ego se vale de nuestra capacidad de sentir empatía por nuestros seres queridos y sus vicisitudes, para perpetuarse y repetir cíclicamente aquello que nuestros ancestros no perdonaron.

"Soy responsable de lo que veo. Elijo los sentimientos que experimento y decido el objetivo que quiero alcanzar. Y todo lo que parece sucederme yo mismo lo he pedido, y se me concede tal como lo pedí" (T-21.II.2:3-5). Y eso aplica a todo ámbito. A toda cosa viviente que pareció haber vivido aquí, que aún vive o que está por venir. Cada experiencia que vivió nuestro ancestro, la eligió vivir aquí. Y cada quien que fue convocado para que le hiciera daño o lo usara como victimario, él lo pidió.

A Rosa María Wynn, en el 2004, le fue inspirado un ejercicio de meditación psicoterapéutica transgeneracional para expiar con nuestros ancestros. Me ha venido que tengo que compartirlo aquí. Lo he puesto en práctica en muchos de mis talleres con el propósito de hacer un barrido de todo aquello que nuestros antecesores entendieron mal. Yo planteo el "Templo a la Vida Misma", que consiste en una configuración que se puede graficar en un espacio abierto con sillas y personas sentadas, que representen a todos nuestros ancestros dispuestos de manera circular, desde el hijo sentado en el centro, los padres a los lados como si fuera la Sagrada Familia, los cuatro abuelos detrás de los padres, los ocho bisabuelos también detrás y hasta más allá de nuestros tatarabuelos; para experimentar de la mano de Jesús, a medida que caminamos entre nuestros antepasados, la identificación que tenemos con alguno de ellos. Esto se encuentra en el Libro Tercero, Primera Parte, Capítulo 3, Sección IV.

No soy el único que experimenta los efectos de mis pensamientos. No soy el único en nada. Todo lo que pienso, digo o hago es una enseñanza para todo el universo. Un Hijo de Dios no puede pensar, hablar o actuar en vano. No puede ser el único en nada. Tengo, por lo tanto, el poder de cambiar a todas las mentes junto con la mía porque mío es el poder de Dios (L-pI.54.4.1-6).

En meditación, en un espacio de quietud, puedo notar que el aire entra y sale de mi cuerpo sin esfuerzo. Tomo la mano de Jesús e invoco el Nombre de Dios y el mío propio. Le pido al Espíritu Santo que respire por mí y me convierto en observador. Este ejercicio de meditación lo conocí con Eckhart Tolle. Así es como me mantengo en el aquí y ahora. En el instante santo.

Comienzo: Padre amado, te entrego en este momento este ejercicio porque deseo en mi mente liberar a todos mis antepasados de todos los juicios, de toda la culpa y de todo aquello por lo que los responsabilizo, del aparente dolor actual, de mi escasez, de mis adicciones, de mi abandono y de los males de la humanidad. Me desahogo completamente. Lo que me venga.

Espíritu Santo sana mi mente y la mente de mis ancestros.

Padre, lo único que pido es la verdad. He tenido muchos pensamientos descabellados acerca de mí mismo y de mi creación, y he introducido en mi mente un sueño de miedo. Hoy no quiero soñar. Elijo el camino que conduce a Ti en lugar de la locura y el miedo. Pues la verdad está a salvo, y sólo el amor es seguro (L-pII.278.2:1-5).

II. Terapia Transgeneracional

En Google encontré esta definición de Transgeneracional: Se refiere a aquello material o inmaterial que nos une a las generaciones que no hemos conocido, a los familiares con los que no hemos convivido, a los antepasados cercanos o remotos de los cuales descendemos y nuestros familiares de cuyos cuidados dependimos.

Línea Paterna:

Pongo en manos de la Expiación del Espíritu Santo todas las decisiones equivocadas y errores que cometió mi papá; para que sean disueltos y deshechos; y queden sin consecuencias y sin efectos en su mente, en la mía y la de mis descendientes.

Pongo en manos de la Expiación del Espíritu Santo todas las decisiones equivocadas y errores que cometió mi abuelo paterno; para que sean disueltos y deshechos; y queden sin consecuencias y sin efectos en su mente, la mente de mi papá, en la mía y la de mis descendientes.

Pongo en manos de la Expiación del Espíritu Santo todas las decisiones equivocadas y errores que cometió mi abuela paterna; para que sean disueltos y deshechos; y queden sin consecuencias y sin efectos en su mente, la mente de mi papá, en la mía y la de mis descendientes.

Pongo en manos de la Expiación del Espíritu Santo todas las decisiones equivocadas y errores que cometió mi bisabuelo paterno, papá de mi abuelo; para que sean disueltos y deshechos; y queden sin consecuencias y sin efectos en su mente, la mente de abuelo, la de mi papá, en la mía y la de mis descendientes.

Pongo en manos de la Expiación del Espíritu Santo todas las decisiones equivocadas y errores que cometió mi bisabuela paterna, mamá de mi abuelo; para que sean disueltos y deshechos; y queden sin consecuencias y sin efectos en su mente, la mente de abuelo, la de mi papá, en la mía y la de mis descendientes.

Pongo en manos de la Expiación del Espíritu Santo todas las decisiones equivocadas y errores que cometió mi bisabuelo paterno, papá de mi abuela; para que sean disueltos y deshechos; y queden sin consecuencias y sin efectos en su mente, en la de mi abuela, en la mente de mi papá, en la mía y la de mis descendientes.

Pongo en manos de la Expiación del Espíritu Santo todas las decisiones equivocadas y errores que cometió mi bisabuela paterna, mamá de mi abuela; para que sean disueltos y deshechos; y queden sin consecuencias y sin efectos en su mente, en la de mi abuela, en la mente de mi papá, en la mía y la de mis descendientes.

Pongo en manos de la Expiación del Espíritu Santo todas las decisiones equivocadas y errores que cometió mi tatarabuelo paterno, papá de mi bisabuelo, abuelo de mi abuelo y todos sus ancestros; para que sean disueltos y deshechos; y queden sin consecuencias y sin efectos en su mente y la de sus ancestros, la mente de mi bisabuelo, en la de mi abuelo, la de mi papá, en la mía y la de mis descendientes.

Pongo en manos de la Expiación del Espíritu Santo todas las decisiones equivocadas y errores que cometió mi tatarabuela paterna, mamá de mi bisabuelo, abuela de mi abuelo y todos sus ancestros; para que sean disueltos y deshechos; y queden sin consecuencias y sin efectos en su mente y la de sus ancestros, la mente de mi bisabuelo, en la de mi abuelo, la de mi papá, en la mía y la de mis descendientes.

Pongo en manos de la Expiación del Espíritu Santo todas las decisiones equivocadas y errores que cometió mi tatarabuelo paterno; papá de mi bisabuela, abuelo de mi abuelo y todos sus ancestros; para que sean disueltos y deshechos; y queden sin consecuencias y sin efectos en su mente y la de sus ancestros, la mente de mi bisabuela, en la de mi abuelo, la de mi papá, en la mía y la de mis descendientes.

Pongo en manos de la Expiación del Espíritu Santo todas las decisiones equivocadas y errores que cometió mi tatarabuela paterna; mamá de mi bisabuela, abuela de mi abuelo y todos sus ancestros; para que sean disueltos y deshechos; y queden sin consecuencias y sin efectos en su mente y la de sus ancestros, la mente de mi bisabuela, en la de mi abuelo, la de mi papá, en la mía y la de mis descendientes.

Pongo en manos de la Expiación del Espíritu Santo todas las decisiones equivocadas y errores que cometió mi tatarabuelo paterno, papá de mi bisabuelo, abuelo de mi abuela y todos sus ancestros; para que sean disueltos y deshechos; y queden sin consecuencias y sin efectos en su mente y la de sus ancestros, la mente de mi bisabuelo, en la de mi abuela, la de mi papá, en la mía y la de mis descendientes.

Pongo en manos de la Expiación del Espíritu Santo todas las decisiones equivocadas y errores que cometió mi tatarabuela paterna, mamá de mi bisabuelo, abuela de mi abuela y todos sus ancestros; para que sean disueltos y deshechos; y queden sin consecuencias y sin efectos en su mente y la de sus ancestros, la mente de mi bisabuelo, en la de mi abuela, la de mi papá, en la mía y la de mis descendientes.

Pongo en manos de la Expiación del Espíritu Santo todas las decisiones equivocadas y errores que cometió mi tatarabuelo paterno; papá de mi bisabuela, abuelo de mi abuela y todos sus ancestros; para que sean disueltos y deshechos; y queden sin consecuencias y sin efectos en su mente y la de sus ancestros, la mente de mi bisabuela, en la de mi abuela, la de mi papá, en la mía y la de mis descendientes.

Pongo en manos de la Expiación del Espíritu Santo todas las decisiones equivocadas y errores que cometió mi tatarabuela paterna; mamá de mi bisabuela, abuela de mi abuela y todos sus ancestros; para que sean disueltos y deshechos; y queden sin consecuencias y sin efectos en su mente y la de sus ancestros, la mente de mi bisabuela, en la de mi abuela, la de mi papá, en la mía y la de mis descendientes.

Línea Materna:

Pongo en manos de la Expiación del Espíritu Santo todas las decisiones equivocadas y errores que cometió mi mamá; para que sean disueltos y deshechos; y queden sin consecuencias y sin efectos en su mente, en la mía y la de mis descendientes.

Pongo en manos de la Expiación del Espíritu Santo todas las decisiones equivocadas y errores que cometió mi abuelo materno; para que sean disueltos y deshechos; y queden sin consecuencias y sin efectos en su mente, la mente de mi mamá, en la mía y la de mis descendientes.

Pongo en manos de la Expiación del Espíritu Santo todas las decisiones equivocadas y errores que cometió mi abuela materna; para que sean disueltos y deshechos; y queden sin consecuencias y sin efectos en su mente, la mente de mi mamá, en la mía y la de mis descendientes.

Pongo en manos de la Expiación del Espíritu Santo todas las decisiones equivocadas y errores que cometió mi bisabuelo materno, papá de mi abuelo; para que sean disueltos y deshechos; y queden sin consecuencias y sin efectos en su mente, la mente de abuelo, la de mi mamá, en la mía y la de mis descendientes.

Pongo en manos de la Expiación del Espíritu Santo todas las decisiones equivocadas y errores que cometió mi bisabuela materna, mamá de mi abuelo; para que sean disueltos y deshechos; y queden sin consecuencias y sin efectos en su mente, la mente de abuelo, la de mi mamá, en la mía y la de mis descendientes.

Pongo en manos de la Expiación del Espíritu Santo todas las decisiones equivocadas y errores que cometió mi bisabuelo materno, papá de mi abuela; para que sean disueltos y deshechos; y queden sin consecuencias y sin efectos en su mente, en la de mi abuela, en la mente de mi mamá, en la mía y la de mis descendientes.

Pongo en manos de la Expiación del Espíritu Santo todas las decisiones equivocadas y errores que cometió mi bisabuela materna, mamá de mi abuela; para que sean disueltos y deshechos; y queden sin consecuencias y sin efectos en su mente, en la de mi abuela, en la mente de mi mamá, en la mía y la de mis descendientes.

Pongo en manos de la Expiación del Espíritu Santo todas las decisiones equivocadas y errores que cometió mi tatarabuelo materno, papá de mi bisabuelo, abuelo de mi abuelo y todos sus ancestros; para que sean disueltos y deshechos; y queden sin consecuencias y sin efectos en su mente y la de sus ancestros, la mente de mi bisabuelo, en la de mi abuelo, la de mi mamá, en la mía y la de mis descendientes.

Pongo en manos de la Expiación del Espíritu Santo todas las decisiones equivocadas y errores que cometió mi tatarabuela materna, mamá de mi bisabuelo, abuela de mi abuelo y todos sus ancestros; para que sean disueltos y deshechos; y queden sin consecuencias y sin efectos en su mente y la de sus ancestros, la mente de mi bisabuelo, en la de mi abuelo, la de mi mamá, en la mía y la de mis descendientes.

Pongo en manos de la Expiación del Espíritu Santo todas las decisiones equivocadas y errores que cometió mi tatarabuelo materno; papá de mi bisabuela, abuelo de mi abuelo y todos sus ancestros; para que sean disueltos y deshechos; y queden sin consecuencias y sin efectos en su mente y la de sus ancestros, la mente de mi bisabuela, en la de mi abuelo, la de mi mamá, en la mía y la de mis descendientes.

Pongo en manos de la Expiación del Espíritu Santo todas las decisiones equivocadas y errores que cometió mi tatarabuela materna; mamá de mi bisabuela, abuela de mi abuelo y todos sus ancestros; para que sean disueltos y deshechos; y queden sin consecuencias y sin efectos en su mente y la de sus ancestros, la mente de mi bisabuela, en la de mi abuelo, la de mi mamá, en la mía y la de mis descendientes.

Pongo en manos de la Expiación del Espíritu Santo todas las decisiones equivocadas y errores que cometió mi tatarabuelo materno, papá de mi bisabuelo, abuelo de mi abuela y todos sus ancestros; para que sean disueltos y deshechos; y queden sin consecuencias y sin efectos en su mente y la de sus ancestros, la mente de mi bisabuelo, en la de mi abuela, la de mi mamá, en la mía y la de mis descendientes.

Pongo en manos de la Expiación del Espíritu Santo todas las decisiones equivocadas y errores que cometió mi tatarabuela materna, mamá de mi bisabuelo, abuela de mi abuela y todos sus ancestros; para que sean disueltos y deshechos; y queden sin consecuencias y sin efectos en su mente y la de sus ancestros, la mente de mi bisabuelo, en la de mi abuela, la de mi mamá, en la mía y la de mis descendientes.

Pongo en manos de la Expiación del Espíritu Santo todas las decisiones equivocadas y errores que cometió mi tatarabuelo materno; papá de mi bisabuela, abuelo de mi abuela y todos sus ancestros; para que sean disueltos y deshechos; y queden sin consecuencias y sin efectos en su mente y la de sus ancestros, la mente de mi bisabuela, en la de mi abuela, la de mi mamá, en la mía y la de mis descendientes.

Pongo en manos de la Expiación del Espíritu Santo todas las decisiones equivocadas y errores que cometió mi tatarabuela materna; mamá de mi bisabuela, abuela de mi abuela y todos sus ancestros; para que sean disueltos y deshechos; y queden sin consecuencias y sin efectos en su mente y la de sus ancestros, la mente de mi bisabuela, en la de mi abuela, la de mi mamá, en la mía y la de mis descendientes.

Lo que recibimos es el eterno regalo que hemos de dar a aquellos que han de venir después, así como a los que vinieron antes o a los que estuvieron con nosotros por algún tiempo. Y Dios, que nos ama a todos con el amor equitativo con el que fuimos creados, nos sonríe y nos ofrece la felicidad que dimos (L-pI.124.3:1-3).

III. Pagar deudas pendientes en el mundo de las formas

El que esté más cuerdo de los dos en el momento en que se perciba la amenaza, debe recordar cuán profundo es su endeudamiento con el otro y cuánta gratitud le debe, y alegrarse de poder pagar esa deuda brindando felicidad a ambos. Que recuerde esto y diga:

Deseo que éste sea un instante santo para mí, a fin de compartirlo con mi hermano, a quien amo. Es imposible que se me pueda conceder a mí sin él o a él sin mí. Pero nos es totalmente posible compartirlo ahora. Elijo, por lo tanto, ofrecerle este instante al Espíritu Santo, para que Su bendición pueda descender sobre nosotros, y mantenernos a los dos en paz (T-18.V.7:1-6).

En el transcurrir de mi camino espiritual, comencé a darme cuenta que había adquirido deudas con mucha gente y que no las había pagado: deudas de dinero; deudas de regalos que ofrecí cuando llegaba a una fiesta con las manos vacías; deudas de visitas al quedar con algunas personas en ir a sus casas y faltar al encuentro, dejándoles esperando con el café; deudas laborales por no haber pagado generosamente más de lo que correspondía a mis empleados, o el servicio que me prestaban; deudas de trabajos que no concluí alegando cualquier razón; deudas de objetos prestados y no devueltos como sucedía frecuentemente con las cosas de la casa de mi mamá; deudas adquiridas con juramentos y promesas y las deudas que adquirí conmigo mismo al no satisfacer muchos de mis sueños. Reconocí todos los acuerdos que no cumplí.

Lo importante fue que me di cuenta de que a mí nunca me gustó que me ofrecieran regalarme algo y luego no me lo dieran o se lo dieran a otro; me vuelvo insistente, necio y comienzo a pedirlo. No supe por qué con ofertas tan sencillas me ilusiono tanto, así sea poco. No entendía por qué prestaba dinero, sobre todo a mis parejas y no me lo regresaban. Nunca me pareció agradable que me regatearan lo que yo cobraba por mi trabajo. Las personas que me debían dinero o un libro, las execraba de mi vida y le daba mala fama.

Sólo tú puedes privarte a ti mismo de algo. No resistas este hecho, pues es en verdad el comienzo de la iluminación. Recuerda también que la negación de este simple hecho adopta muchas formas, y que debes aprender a reconocerlas y a oponerte a ellas sin excepción y con firmeza. Éste es un paso crucial en el proceso de re-despertar. Las fases iniciales de esta inversión son con frecuencia bastante dolorosas, pues al dejar de echarle la culpa a lo que se encuentra afuera, existe una marcada tendencia a albergarla adentro. Al principio es difícil darse cuenta de que esto es exactamente lo mismo, pues no hay diferencia entre lo que se encuentra adentro y lo que se encuentra afuera (T-11.IV.4:1-6).

Cuando reconocí que el responsable de todo lo que me había pasado había sido yo y que me había equivocado, entendí que había pedido un trato igual. Acepté que yo fui quien no cumplió con muchos tratos que hice, muchos por venganza, y no devolví lo que acordé regresar.

¿No preferirías que todo esto no fuese más que una equivocación, completamente corregible, y de la que fuese tan fácil escapar que rectificarla totalmente sería tan sencillo como atravesar la neblina y llegar hasta al sol? Pues eso es todo lo que es (T-19.II.8:1-2).

Inicié a hacer una lista de todas las cosas ajenas que estaban en mi casa para devolverlas, bien sea robadas o prestadas; continué con la lista de todos los regalos que ofrecí, desde visitas y mi presencia en cumpleaños, recién nacidos, matrimonios, grados, etc. con el propósito de cumplir con mi palabra, aunque el compromiso fuese adquirido muchos años atrás. Dejé de regatear el precio del servicio que otros me brindaban. Comencé a pagar un poco más de lo que legalmente corresponde a mis empleados, de manera que puedan vivir mejor. Dejé de prestarle dinero a mi pareja y comencé a dárselo sin reclamar devolución. Me volví más generoso. Vencí la creencia de que si pago mejor me arruino. A mí, me regalé una exposición individual llamada: "Mi Legado al Universo, Homenaje al Color" con obras de arte de retratos en acrílico sobre tela a todo color, de mi autoría en el año 2000, pues le había organizado a muchos artistas sus individuales, menos a mí.

En 1998, di un gran paso como manifestación de mi deseo de perdonar. Liberé a todas las personas que tenía crucificadas en una lista de cuentas por cobrar y de lo cual no me arrepiento. Tomé la lista que llevaba de todo el dinero que me debían desde hacía poco y de mucho tiempo atrás, por servicios prestados, proyectos de arquitectura entregados, créditos que dábamos en "Invendibles", la tienda de antigüedades que yo tenía en sociedad con mi hermano y amigo Fernando de Jesús Briceño Álvarez, y se la condoné a cada persona anotada allí. Le escribí a cada uno una carta perdonándole la deuda y reconociéndoles que ya no me debían nada. De allí en adelante comencé a dormir mejor y a cobrar por mi trabajo y mis servicios de contado. Empecé a contar con lo que tenía en la mano y no con lo que me debían; cuando era así, no dormía pensando en los que me debían porque los llegaba a odiar. Aprendí a ponerle precio a mi trabajo y decirlo antes de prestar el servicio y a pedir por adelantado al menos el 50% del costo total. Dejé al otro libre de poder tomar o no el servicio. Decidí no vender y meterles mercancía por los ojos a personas compradoras compulsivas que no tienen cómo pagar, para endeudarlos conmigo y amarrarnos de nuevo. Dejé de ofrecer y publicitar mis servicios, con la certeza de que quien viene a mí, me es enviado. No tengo que perseguir el dinero ni hacer nada para ganarlo.

Quítale a los demás la función que les asignaste que deben representar para ti. "Cuando te invade la ira, ¿no es acaso porque alguien no llevó a cabo la función que tú le habías asignado? ¿Y no se convierte esto en la "razón" que justifica tu ataque? Los sueños que crees que te gustan son aquellos en los que las funciones que asignaste se cumplieron y las necesidades que te adscribiste fueron satisfechas. Y cada uno representa alguna función que tú le has asignado a algo: algún objetivo que un acontecimiento, un cuerpo o una cosa *debe* representar y alcanzar por ti. Si lo logra crees que el sueño te gusta. Si fracasa crees que es triste" (T-29.IV.4:1-3,8-10).

Comencé a preguntarle a mis amigos y a las personas que me brindaban servicios desde hacía mucho tiempo: ¿Alguna vez te quedé debiendo algo? Conseguí sorpresas. El Sr. Andrés Rafael Carrasco (Pepén), quien desde hace muchos años me vendía los lienzos para que yo ejecutara mis obras de arte y que luego enmarcaba, me confesó que yo recién graduado de ingeniero civil, mandé a enmarcar la fotografía del acto de grado, y como no me gustó como quedó, no me lo llevé y fui malcriado con él. En ese momento que le hice la pregunta le reconocí que de seguro fue así, sin defenderme le pedí perdón y que me la buscara y cobrara el doble de lo que hoy costaría su trabajo. Y en efecto me devolvió la foto enmarcada y le pagué.

¿Qué función tiene el perdón? En realidad no tiene ninguna, ni hace nada, pues en el Cielo se le desconoce. Es sólo en el infierno donde se le necesita y donde tiene una formidable función que desempeñar (L-pI.200.6:1-4).

Aprendí de Rosa María Wynn esa manera de perdonar desde la indefensión, cuando ella contó su anécdota de que tenía algunas amistades que se habían vuelto distantes con ella, y comenzó de una en una a preguntarles: ¿Tienes algún problema conmigo? Si te hice algo que no te gustó, házmelo saber. Y se sorprendió, a pesar de que algunas personas no le reportaron nada. Una de sus amigas le dijo que sí, que estaba enojada con ella y le explicó su razón. Rosa María le reconoció sin defenderse que sí lo había hecho y le pidió perdón, aunque sabía que ella jamás hizo lo que la amiga le contó. Le dio la razón, porque la amiga desde su percepción lo vio así.

Las defensas no son involuntarias ni tampoco se forjan inconscientemente. Son como varitas mágicas secretas que agitas cuando la verdad parece amenazar lo que prefieres creer. Parecen ser algo inconsciente debido únicamente a la rapidez con que decides emplearlas. En ese segundo o fracción de segundo en que tomas la decisión, reconoces exactamente lo que te propones hacer y luego lo das por hecho (L-pI.136.3:1-4).

Es importante ir saldando todas las deudas de perdón. Le podemos preguntar a quienes sentimos distantes, cuando anteriormente fueron nuestros allegados: ¿Tienes algo que me quieras decir que te distanció de mí y no me lo has dicho?, para darles la oportunidad de desahogarse. El compromiso es que lo que sea que te diga, dale la razón, dile que fue así sin defenderte, aunque no haya sido así y le pides perdón. De esa manera se restablece la relación.

Cuando son personas que nos muestran hostilidad, de frente yo les pregunto: ¿Cuál es tu problema conmigo? A Miguelino Del Soppo+, que fue mi compañero de estudios en la primaria, lo enfrenté un día de lluvia en la calle porque me tenía obstinado. Donde me veía me gritaba y me ofendía. Yo entraba en pánico, sobre todo si andaba acompañado. Después de muchos años de esa hostilidad lo encaré y le hice la pregunta. Me respondió que su enojo se debía a que a su anterior esposa, la habían nombrado en Radio Carora AM, la empresa de mi mamá, por un reclamo a la compañía telefónica donde su mujer trabajaba muchos años atrás. Cuando le permití que se desahogara, hasta allí llegó su necedad conmigo. No estaba molesto conmigo, pero mi presencia le servía de escape. Desde allí volvimos a relacionarnos cordialmente.

Cada vez que sientas una punzada de cólera, reconoce que sostienes una espada sobre tu cabeza. Y ésta te atravesará o no, dependiendo de si eliges estar condenado o ser libre. Así pues, todo aquel que aparentemente te tienta a volverte iracundo representa al que te ha de salvar de la prisión de la muerte. Por lo tanto, debes estarle agradecido en lugar de querer infligirle dolor (L-pI.192.9:4-7).

Hacemos la lista de todas las promesas que hicimos, de todo aquello pendiente de devolver y regalar, de toda visita ofrecida, de todo el servicio que regateamos, de todo aquello que nos genera culpa de no haberlo hecho y comenzamos a saldar. Todo lo que nos robamos, o nos llevamos prestado de las casas de nuestros seres queridos, si aún se puede devolver, lo hacemos y reconocemos el hecho. Siempre que hacemos este resarcimiento, quedan liberadas todas aquellas personas que en el momento que hicimos la sustracción quedaron por sospechosas. En caso de que las personas a quienes les adeudamos algo se mudaron o estén muertas, le preguntamos al Espíritu Santo que nos diga cómo reparar la deuda. Si es de dinero o algo valioso pudiera ser a un descendiente; hay quienes le ofrecen una misa.

El servicio prestado por un hermano a otro no debería regatearse, aunque preferiblemente se debe establecer un precio antes de brindarse la labor. No ocurre lo contrario con lo que es el comercio de bienes, donde podemos regatear o encontrar mejores precios. Algún día, cada quien al que sus ingresos dependan del servicio que presta, deberá aprender a comercializar sus dones y su tiempo.

Me ocurrió, que El Nene, el señor que me hizo el primer rancho de barro que se construyó en el Centro de Paz Caño Moño Negro de la Santísima Trinidad, no me decía cuánto me iba a cobrar, a pesar de mi insistencia; que no me preocupara, decía. Al final me mandó la cuenta con mi encargado Carlos Medina. Cuando fui a pagarle me subió el precio y me pareció caro. Llegamos al acuerdo del primer precio, pero quedé sin paz. Al día siguiente fui a darle el resto de lo que le pedí que me rebajara, y dándoselo pasó una paloma blanca por encima de mí. La tomé como señal de que hice lo correcto. Siempre debemos pedir señales.

La creencia de que es posible perder no es sino el reflejo de la premisa subyacente de que Dios está loco. Pues en este mundo parece que alguien tiene que perder *porque* otro ganó. Por cada pequeña ganancia que se obtenga, alguien tiene que perder, y pagar el importe exacto con sangre y sufrimiento. La salvación es el renacimiento de la idea de que nadie tiene que perder para que otro gane. Y todo el mundo *tiene* que ganar, si es que uno solo ha de ganar. Con esto queda restaurada la cordura. Y sobre esta única roca de verdad la fe puede descansar con perfecta confianza y en perfecta paz en la eterna cordura de Dios. La razón queda satisfecha, pues con esto todas las creencias dementes pueden ser corregidas (T-25.VII.11:1-2,5; 12:1-5).

Cuando era un muchacho y coleccionaba cosas viejas, me traje robado, de la Iglesia colonial del pueblo de Arenales, cercano a Carora, un objeto pequeño de bronce usado para echar agua bendita, al que vi mal puesto, con la excusa de que antes de que se lo lleve otro lo tomo yo. Muchos años después, me tocó ejecutar la restauración de ese Patrimonio Histórico de la Nación, y me acordé del objeto que aún conservaba, se lo regresé al cura, y le confesé el robo. El sacerdote no le dio importancia, pero sentí un gran alivio. Así me he ido liberando del peso de la culpa producido por todo lo ajeno que acumulé. Me ha costado desarrollar la Honestidad, que es una de las Características del Maestro de Dios.

Toda esta reparación se hace para con todos los casos de lo que ya estamos conscientes. Pero podemos utilizar la técnica de la ÉR descrito en el Libro Primero, Segunda Parte, Capítulo 3 (Ver también Tabla de contrastes en el apéndice), cuando hayamos perdido la paz y por cuenta propia no hayamos podido resolver un asunto que nos molesta. Por ejemplo: cuando estemos experimentando pérdidas o robos, no nos devuelvan lo prestado, no pueda pagar las deudas, tengamos miedo de experimentar ruina, fracasan los negocios, los hijos nos están robando, etc. Podemos realizarlo para cada uno en particular o para apoyar a otro en una psicoterapia. Establecemos que la única meta a alcanzar sea la Paz de Dios, ya que lo acontecido no me da paz. Invoco a los ayudantes. Y comienzo el vaciado confesándolo todo, incluso cosas que recuerdo que sí hice: Santo Padre no tengo paz, estoy asustado por la experiencia que viví, tengo miedo,……….. No me gusta cómo me estoy sintiendo con esto, no pudo haber sido Tu Voluntad, tengo que haberme equivocado en algún momento de mi pasado. Deseo saber: ¿qué fue aquello que dije, pensé o hice que Tú, Santo Padre, no hubieses dicho, pensado o hecho y que trajo esta situación a mi vida? ¿De qué me siento culpable? ¿Qué es aquello que robé o que debo, que no he devuelto aún y que no lo recuerdo? ¿A quién le ocasioné pérdidas o arruiné? …….. Espíritu Santo: Yo utilizo la soberanía de mi mente para que busques y halles la causa de mi problema en mi memoria y me lo permitas recordar……….. Él te lo traerá a la conciencia, y allí sigues todo el procedimiento haciéndote responsable primero, reconocer el error, me dejé engañar,………. Perdonar……….. Liberar………… Seguir todo el procedimiento paso a paso. Hasta poner la causa en las manos de le Expiación y tomar una nueva decisión con el Espíritu Santo. Con el firme propósito de devolver o pagar lo que sea.

> Esta ilusión, no obstante, tiene una causa que, aunque falsa, tiene que estar en tu mente ahora. Y esta ilusión es tan sólo un efecto que tu mente engendra y una forma de percibir su resultado. Este intervalo de tiempo, en el que se percibe la represalia como la forma en la que se presenta el "bien", es sólo un aspecto de la diminuta brecha que hay entre vosotros, la cual todavía no se ha perdonado (T-26.VIII.8:1-3).

Capítulo 3
Aclaratorias

I. Autoestima

Tú no deseas el mundo. Lo único de valor en él son aquellos aspectos que contemplas con amor. Eso le confiere la única realidad que tendrá jamás. Su valía no reside en sí mismo, pero la tuya se encuentra en ti. De la misma forma en que tu propia valía procede de la auto-extensión, de igual modo la percepción de la propia valía procede de extender pensamientos amorosos hacia el exterior. Haz que el mundo real sea real para ti, pues el mundo real es el regalo del Espíritu Santo, por lo tanto, te pertenece (T-12.VI.3:1-6).

Esto se lo escuché a Rosa María Wynn muchas veces y tiene coherencia. La manera de moda sobre cómo se maneja la autoestima dentro del crecimiento personal no sirve para nada. Adelgazar, o hacernos operaciones estéticas, cambiar el tono del cabello, no va a levantar nuestra autoestima. Ni siquiera un nuevo look, corte de pelo o nueva forma de vestir, mucho dinero o un vehículo nuevo. Tampoco hacer afirmaciones.

Dice Jesús en Su curso:

En este mundo la salud es el equivalente de lo que en el Cielo es la valía. No es mi mérito lo que te aporto, sino mi amor, pues tú no te consideras valioso. Cuando no te consideras valioso enfermas, pero la valía que te adjudico puede curarte porque la valía del Hijo de Dios es una y la misma (T-10.III.6:3-5).

Cuando no miramos con amor y no aceptamos la valía de un solo hermano, no podemos aceptar la nuestra y eso nos enfermará. La autoestima siempre dependerá de la valía que reconocemos en el otro. Tendremos que revisar quién creemos que no vale nada y a quién despreciamos por parecer que es inferior a nosotros. Cada parte de la filiación pertenece. Si nos convertimos en el juez de quién vale y quién no, hagamos lo que hagamos con nuestro cuerpo o nuestro dinero, no tendremos una autoestima permanente. Todos somos iguales ante los ojos de Dios y gozamos de la misma herencia. Nuestra valía entonces está en nuestros hermanos. Tenemos que aprender a ver a los demás de una manera diferente de cómo los veíamos anteriormente y reconocer la valía que Dios dispuso en ellos para poder reconocer la nuestra. Ellos son nuestros espejos.

Sólo un Hijo de Dios es un maestro lo suficientemente digno como para poder enseñar a otro. En todas las mentes hay un solo Maestro que enseña la misma lección a todo el mundo. Siempre te enseña la inestimable valía de cada Hijo de Dios y lo hace con infinita paciencia, nacida del Amor infinito en nombre del cual habla (T-7.VII.7:1-3).

En el caso de que no nos sintamos valiosos en el trabajo, para nuestra familia, la pareja o la sociedad, podemos, en una psicoterapia, siguiendo todos los pasos de la ÉR, descritos en el Libro Primero, Segunda Parte, Capítulo 3, agregar estas preguntas a las que le hacemos al Padre: ¿A quién consideré que no valía nada? ¿A quién le negué la valía debido a lo que hizo? ¿A quién juzgué de manera implacable? ¿Con quién me comparé? ¿A cuál persona que un pariente trajo como pareja a la familia, desprecié porque me pareció poca cosa? ¿A quién consideré bastardo y le negué sus derechos? ¿A quién excluí por homosexual, prostituta, alcohólico o drogadicto? Y conseguida la causa, seguimos todo el procedimiento hasta entregar a la Expiación.

II. Mudras

Mudra en sánscrito quiere decir "sello" o "anillo para sellar". *Wikipedia.*

Quiero reseñar este tema con relación a los "mudras" porque se lo preguntamos a Rosa María Wynn, y ella dio su respuesta haciendo referencia a cuando nos sucede que dando clases en un taller de *Un Curso de Milagros*, de repente nos observamos haciendo gestos como los de ella. Pareciera que la estamos imitando. Ella nos respondió que una persona, estando en el Espíritu centrada en el presente, en el instante santo –ella a veces jugaba con la palabra conectada, cuando se desconectaba el micrófono– o estando inspirada, el Espíritu Santo se mueve en nosotros y genera gestos a través de las manos, del cuerpo, que son los mismos en cualquier maestro que se encuentre en esa misma situación, y son esos gestos a los que se les llama mudras; por lo cual no deberíamos preocuparnos porque ella estaba consciente de que no eran una imitación a la maestra. Hay diferentes tipos de mudras, pero estando en estado de elevación algunos surgen espontáneamente sin esfuerzo y se manifestaran a través de nuestros brazos y manos como si estuviéramos en una danza asiática o hindú.

En el marco del budismo y el hinduismo, un mudra es un gesto, considerado como sagrado por quienes lo realizan, hecho generalmente con las manos. Según sus practicantes, cada mudra posee cualidades específicas que favorecen al propio practicante. En el hinduismo se considera que hay 24 mudras principales. *Wikipedia.*

El instante santo es este mismo instante y cada instante. El que deseas que sea santo, lo es. El que no deseas que lo sea, lo desperdicias. En tus manos está decidir qué instante ha de ser santo. No demores esta decisión, pues más allá del pasado y del futuro, donde no podrías encontrar el instante santo, éste espera ansiosamente tu aceptación (T-15.IV.1:3-8).

Capítulo 4
Regalo útil

I. Uso del Rosario Esenio o Mala

Todo aquel que se encuentra aquí ha venido a las tinieblas, pero nadie ha venido solo ni necesita quedarse más de un instante. Pues cada uno ha traído la Ayuda del Cielo consigo, lista para liberarlo de las tinieblas y llevarlo a la luz en cualquier momento. Esto puede ocurrir en cualquier momento que él decida, pues la ayuda está aquí, esperando tan sólo su decisión. Y cuando decida hacer uso de lo que se le dio, verá entonces que todas las situaciones que antes consideraba como medios para justificar su ira se han convertido en eventos que justifican su amor. Y reinterpretará cualquier tentación simplemente como otra oportunidad más de ser feliz (T-25.III.6:1-5,8).

¡La ayuda viene en camino! Además de las Tarjetas de la Sabiduría de *Un Curso de Milagros* y las Tarjetas de Ayuda de la bolsita de terciopelo azul, que le fueron inspiradas a Rosa María Wynn y que fueron diseñadas e impresas para servir de ayuda en aquellos momentos en que tenemos que tomar una decisión, o necesitemos utilizarlas para recibir dirección en general, o inspiración, ella no hizo más regalos. En un seminario intensivo al que acudimos varios maestros en Becerril de la Sierra, España, dictado por Rosa María, ella regaló a sus alumnos más apreciados un precioso rosario esenio, japamala o mala, contenedor de 108 bolitas. Se los consiguió su aprendiz Lisbeth Palmar de Adrianza, quien garantizó que eran confeccionados con hueso de camello muerto por muerte natural. Rosa María decía que de no haber sido así, no los hubiese obsequiado. Aún conservo el mío y me lo pongo para casos especiales. Lo tienen todavía Sorayita Ramírez y Liliana Durán. Mi hermano José Luis Molina Millán que también lo recibió, lo usa en su cuello de manera permanente y le dedicó un libro con letanías inspiradas para el uso del mismo.

Rosa María Wynn usando su Rosario Esenio en franca conversación con Judy Skutch de Whitson en su casa en el año 2011; se encuentran junto a ellas nuestras compañeras de viaje y maestras de *Un Curso de Milagros* Lisseth Mujica y Marilyn Sánchez.

Yo lo uso para recuperar la soberanía de mi mente, siempre que he permitido que el ego la tenga prisionera. Si tengo algún conflicto, porque le hice caso al ego con sus preguntas y sospechas, ya confundido, imaginándome lo peor y perdiendo la paz, agarro el rosario y comienzo a repetir el mantra de la Expiación 108 veces hasta soltar al ego y volver a recuperar mi paz. Rosa María decía que un mantra excelente para repetir era la palabra Jesucristo, Jesucristo, Jesucristo; lentamente, suavemente; como un Ohmmmm.

Lo que yo escuché del número 108, lo aprendí con las enseñanzas gnósticas, que dicen que representan las 108 veces que tenemos que nacer y volver aquí, antes de resucitar; que pasaríamos 9 veces por cada signo de zodíaco y que el último signo por experimentarse era el signo Leo. No tengo certeza de que sea así.

El rosario que se nos regaló, es una réplica del rosario que utilizaba Jesucristo, que era árabe, en tiempo de los esenios. Helen Shucman coleccionaba rosarios y era devota de la Virgen María desde niña, así como también lo fue Rosa María. Lo cierto es que entendí que el uso del Santo Rosario de la Virgen María, tiene el mismo propósito, de disuadir al ego y recuperar nuestra cordura cuando está perdida. Se dice que el ego se comporta como el perro que busca un hueso; se va, hasta que se pierde. En definitiva, independiente de las bellas e inspiradoras palabras que usemos, su propósito principal es el recuperar la soberanía de nuestra mente en momentos de locura.

La iconografía religiosa muestra varios ejemplos de la mente soberana. La imagen de la Virgen María Milagrosa pisa a la serpiente, no la mata; la imagen de la Virgen del Carmen pisa la media luna, las tinieblas; San Miguel Arcángel pisa al demonio, no lo mata; San Jorge pone una lanza sobre el dragón, no lo mata. En todos los casos se representa el logro máximo de mantener la mente soberana en la luz y en estado de vigilia; lo que indica que el ego, que no duerme, permanece esperando que volvamos a caer en sus redes. El ego estará con nosotros mientras tengamos un cuerpo, decía Rosa María, pues no muere, simplemente será reinterpretado, pero sigue siendo una elección.

Cuando todo concepto haya sido cuestionado y puesto en tela de juicio, y se haya reconocido que estaba basado en suposiciones que se desvanecerían ante la luz, la verdad quedará entonces libre para entrar a su santuario, limpio y despejado ahora de toda culpa. No hay afirmación que el mundo tema oír más que ésta:

No sé lo que soy, por lo tanto, no sé lo que estoy haciendo, dónde me encuentro ni cómo considerar al mundo o cómo considerarme a mí mismo.

Sin embargo, con esta lección nace la salvación. Y lo que tú eres te hablará de Sí Mismo (T-31.V.17:5-8).

El rosario lo uso frecuentemente en momentos donde se concluye una psicoterapia colectiva. Cuando el santuario está libre y la mente haya recuperado su soberanía. Incluso se me inspiró un mantra cantado que repite solo Expiación, cinco veces y luego inicia; está en You Tube.

Tomé la idea de Rosa María, y a mis alumnos de la Maestría que imparto con la ÉR, les obsequio un Mala para cuando entran al desierto. Los primeros los compré en la Librería Boindra de Madrid, España; luego me los traía José Luis Molina cada vez que venía a Venezuela a entrenarse con la psicoterapia de las constelaciones conmigo y a apoyarme. Posteriormente se me inspiró un diseño particular, que fabricó mi sobrina orfebre Gabriela Miguel González Piña, con piedras de cristal de Swarovski transparente y azul oscuro con bolitas de madera, con el emblema de la misión cumplida de la ÉR incluido.

Hablando de la Virgen María, comparto una pregunta que le hiciera Rosa María a la Voz con respecto al aspecto femenino de Dios que en el curso no se nombra, y la Voz le contestó refiriéndose al Padre: Cuando regreses a mí, yo mismo te mostraré a mi Madre.

La hora de la profecía ha llegado. Ahora es cuando las antiguas promesas se honran y se cumplen sin excepción. No queda ningún paso por dar del que el tiempo se pueda valer para impedir que se cumplan. Pues ahora no podemos fracasar. Siéntate en silencio y aguarda a tu Padre. Él ha dispuesto que vendrá una vez que hayas reconocido que tu voluntad es que Él venga. Y tú nunca habrías podido llegar tan lejos si no hubieras reconocido, por muy vagamente que fuese, que ésa es tu voluntad (L-pII. in.5:1-7).

Diseño del collar o Mala que le inspiró en un sueño el Espíritu Santo a Ignacio, quien lo dibujó y firmó. Sobre el diseño descansa la obra terminada.

II. La palomita de plata

Aunque pagamos por la orfebrería, Rosa María Wynn nos obsequió a sus alumnos más cercanos que así lo quisimos, una réplica de la palomita de plata que heredó de Helen Schucman. Regalo que le hizo llegar Judy Skutch Whitson a Rosa María, por obediencia a la voluntad de Helen, que luego de morir se lo hizo saber. En ese mismo viaje nos obsequió una pequeña planta muerta llamada Rosa de Jericó, con un instructivo y un envase azul de cerámica. Le dicen la flor de la resurrección. Al echarle agua se pone verde. La dejas secar por un tiempo y al entrar nuevamente en contacto con el agua vuelve a vivir. También recibimos de ella una alfombrita pequeñita para arrodillarnos en el piso sobre ella cuando hagamos nuestro proceso de entrega y perdón. La alfombrita aún la conservo.

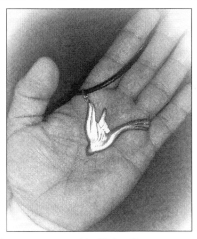

Réplica de la palomita de plata que perteneció a Helen Shucman y que le dejó de herencia a Rosa María Wynn.

Esto sucedió cuando un grupo de 11 venezolanas estudiantes de *Un Curso de Milagros* y mi persona en el 2011, fuimos de visita a la casa de Rosa María en San Francisco, California, USA, con Lisbeth Palmar de Adrianza. Entre tantos lugares, visitamos en su casa, frente a la Bahía de San Francisco, a Whit y Judy Whitson, donde Judy nos obsequió un CD con la historia de *Un Curso de Milagros* traducido al español; fuimos con Rosa María conduciendo un vehículo tipo Van que alquiló para nosotros, al Océano Pacífico y al lugar energético donde se encuentran las secoyas gigantes, árboles coníferos milenarios ultra gruesos y que son los más altos del mundo, y donde ella meditaba con sus colaboradores, cuando hacía la traducción de *Un Curso de Milagros* al castellano; pasamos por el frente de la casa y los demás lugares donde junto a Fernando Gómez hicieron la traducción.

La palomita de plata siempre acompañó a Rosa María en su vida pública, como algo muy valioso en cada seminario, conferencia o formación que impartía. La colocaba en una mesita a su lado derecho con el retrato de Jesús, un jarrón con flores, un envase con agua de coco y un juego de chinchines tibetanos o tingshas, que son dos platillos de bronce amarrados con un cordón de cuero, usados para que se hiciera silencio. Cuando ya Rosa María no estaba, le dejó a Lisbeth Palmar de Adrianza una cajita con todas esas pertenencias, y Lisbeth en su generosidad me regaló los chinchines. Yo se los cedí con amor a Jacqueline Romero Fuenmayor, alumna y hermana predilecta de Rosa María. Recuerdo en el 2010 andar con Lisbeth en Cuernavaca, Morelos, México, buscando un lugar donde fabricar las réplicas de la palomita de plata. Se terminaron fabricando en Venezuela. La original de Helen, de la cual hoy no se sabe su paradero, le quedó a Lisbeth, y la réplica que era de Lisbeth, se la pasó a José Luis

Molina Millán, quien la perdió. Yo tengo un molde que me realizó en Miami la psicoterapeuta entrenada por mí y odontóloga Cecilia Duarte.

En algún momento mi palomita desapareció, jajajajaja. La usaba con su cadena de plata con el Mala que me había dado Rosa María en España, únicamente para los seminarios, talleres y maestrías. Una vez que impartí un taller en Barquisimeto, en el estado Lara, de Venezuela, la organizadora y psicoterapeuta Marilé Vargas Perozo nos regaló a cada participante una palomita de plástico colgada de un cordón. Por ese tiempo desapareció mi palomita de plata. Lamenté mucho perderla, no recordaba dónde la había dejado, sospeché de varias personas, y pensé que como me ufanaba mucho de esa pieza, fue sustituida por una menos ostentosa. Al cabo de tres años que desapareció, el día menos pensado, me dice la Voz del Espíritu Santo: ¡Le vas a pedir hoy mismo a Vidaymar que te devuelva la palomita! Ese día estuvo en mi casa y le dije: ¡Dice el Espíritu Santo que me vas a entregar la palomita hoy! Me contestó que no sabía dónde la tenía porque de eso hacía mucho tiempo. Confesó que la tenía porque le gustaba mucho y quería tener un recuerdo de mí. Ese mismo día me la devolvió. La tenía guardada donde su mamá. Aún la conservo porque viene de Rosa María y de Helen, y es muy significativa para mí. La paloma blanca en la iconografía religiosa representa al Espíritu Santo; ver la visualización que experimenté en la Capilla del Silencio, en el Vaticano, en el Libro Primero, Segunda Parte, Capítulo 3, Sección XVIII.

> El Espíritu Santo es el mediador entre las ilusiones y la verdad. A través del puente que Él tiende, todos los sueños se llevan ante la verdad para que la luz del Conocimiento los disipe. Allí los sonidos y las imágenes se descartan para siempre. Y donde antes se percibían, el perdón ha hecho posible el tranquilo final de la percepción. El objetivo de las enseñanzas del Espíritu Santo es precisamente acabar con los sueños. Pues todo sonido e imagen tiene que transformarse de testigo del miedo en testigo del amor. Y cuando esto se logre, el aprendizaje habrá alcanzado el único objetivo que siempre tuvo realmente (L-pII.7.1:1,3-5: 2:1-3).

II. LA PULSERITA DE GOMA

En el 2009, Rosa María Wynn y un grupo de estudiantes de *Un Curso de Milagros* de Argentina, España, México y Venezuela, viajamos a Grecia para acompañarla a llevar a cabo lo que la Voz le había pedido realizar hacía más de 30 años: Que pisara las tierras de Israel, Egipto y Persia; y no había podido hacerlo por los conflictos internos de esos países. Ya en el 2007, habíamos visitado Israel y Egipto. Le faltaba Persia, y Rosa María no podía visitar Irán porque era ciudadana estadounidense. Por lo cual podía visitar partes de Turquía que pertenecieron al Imperio Persa. Luego, en el 2008, ella hizo otro viaje por otros lugares de Turquía. Ella aprovechó la invitación que le hizo María Xífora, la que hasta entonces era la traductora de *Un Curso de Milagros* al griego. En Grecia, navegamos con ella en un crucero por las islas y nos bajamos en la bella Santorini, donde Isa, la hija de Rosa María, y yo, montamos en burros, para bajar la cuesta hacia la playa; también visitamos, en la costa mediterránea de Turquía, la ciudad de Éfeso, y la casa donde se dice que vivió sus últimos años y murió la Virgen María; allí recibí una revelación de Jesús. Es un lugar religioso a donde el apóstol San Juan la llevó huyendo de la persecución en Jerusalén después de la crucifixión de Jesús, hasta su bienaventurada Asunción. Nos llevaron a la cueva donde San Juan escribió el Apocalipsis. Hicimos el camino de San Pablo. Fuimos a Tesalónica, Filippos y Corintio, visitando los sitios donde escribió sus famosas cartas. Visitamos Teria, donde San Pablo bautizó a la primera cristiana, y nos volvimos a bautizar. Hicimos en este viaje, incluyendo a Italia, todo el camino de San Pablo Apóstol. Luego nos enteramos que ese año era el año Paulino.

En esa travesía Rosa María Wynn nos regaló un brazalete o pulserita de goma con la inscripción *Un Curso de Milagros* para colocarlo en nuestras muñecas. La idea del brazalete la tomó ella de un pastor evangélico que la usaba para aprender a dejar de juzgar. Nos sirvió para estar atentos exactamente cuando llegaba un juicio a nuestra mente, para, en ese justo momento, cambiarnos la pulserita de un brazo para otro, de manera que pudiéramos aprender a pillar el juicio del ego, callar esa voz y recuperar la soberanía de nuestra mente. Ese ejercicio había que hacerlo durante todo el viaje, de día y de noche, no importando si se rompía la goma. A mí se me rompió justamente en Italia, cuando estábamos visitando las ruinas romanas, y ella me regaló otra. Fue muy interesante porque luego de regresar a Venezuela compré unas pulseritas de goma con la bandera de Venezuela y extendí el ejercicio. Las regalé a los estudiantes y a los amigos con ese mismo propósito de dejar de juzgar. Hay muchas técnicas que nos pueden ayudar, no importa de quien vengan, a aprender eso que quiere *Un Curso de Milagros*, a estar vigilante de nuestra mente en favor del Reino.

> La Expiación es para todos –*no importa su religión, o si cree o no cree en Dios*– porque es la forma de desvanecer la creencia de que algo pueda ser solo para ti. Perdonar es pasar por alto. Mira entonces más allá del error y no dejes que tu percepción se fije en él, pues, de lo contrario, creerás lo que tu percepción te muestre. Acepta como verdadero sólo lo que tu hermano es si quieres conocerte a ti mismo. Percibe lo que él no es, y no podrás saber lo que eres al verlo falsamente. Recuerda siempre que tu Identidad es una identidad compartida y que en eso reside Su realidad (T-9.IV.1:1-6; las cursivas son mías).

Rosa María Wynn en pleno Foro Romano, en Italia, en el 2009, con sus compañeros de viaje.

Rosa María Wynn, Isabella Popani, traductora al italiano de *Un Curso de Milagros*, Lisbeth Palmar de Adrianza, Ignacio González Campos, en el Vaticano con sus compañeros de viaje y los estudiantes de UCDM en Italia, 2009.

APÉNDICE

I. Correspondencia con Rosa María Wynn

Durante el proceso de aplicación de la psicoterapia de *Un Curso de Milagros*, ya entrenado suficientemente por Rosa María Wynn en varias de sus Formaciones de Maestros, ya entrenado en el Instituto Bert Hellinger de Venezuela en *Constelaciones Familiares,* y las *Reconstructivas* de Carola Castillo, surge esta necesidad de pedirle a Rosa María su guía, su apoyo y su bendición, para lo nuevo que se me inspiraba, buscando, no sólo su aprobación, sino, que se mantuviera la pureza que ella exigía de su legado en la traducción de *Un Curso de Milagros.* Ella comentó en el seminario de Argentina que del curso se harían separaciones, religiones e interpretaciones, y que eran naturales en este mundo de separación, pero ella quería que los entrenados por ella mantuvieran la pureza de *Un Curso de Milagros,* tal como ella nos lo enseñó. De hecho, le comenté en México, la última vez que nos vimos, que había soñado con ella acostada en una cama y no la veía muy contenta por la manera en que ha evolucionado la psicoterapia en mis manos y por cómo utilizo las *Constelaciones Familiares* o *Combinaciones* para escenificar las lecciones y la psicoterapia del curso. Le dije en ese momento que estaba dispuesto a alejarme de *Un Curso de Milagros* si ella veía que mi labor interfería en la forma como a ella le gustaba que se llevara su mensaje. Y mi sorpresa fue que me dijo: sigue adelante, tú lo estás haciendo bien y se te está guiando, tú siempre has querido ayudar. Continúa que yo te apoyo. Dios cuenta contigo. El curso se para sobre sus propios pies.

> La Expiación no te hace santo. Fuiste creado santo. La Expiación lleva simplemente lo que no es santo ante la santidad, o lo que inventaste ante lo que eres. Llevar ilusiones ante la verdad, o el ego ante Dios es la única función del Espíritu Santo. No trates de ocultarle al Padre lo que has hecho, pues ocultarlo te ha costado no conocerte a ti mismo ni conocerlo a Él (T-14.IX.1:1-5).

Por esta razón dejo como aval en esta primera edición del libro "Ética Retrospectiva, la Psicoterapia para la Expiación destilada de *Un Curso de Milagros*, Aplicaciones Prácticas", y en orden cronológico, toda la correspondencia que sostuve con Rosa María Wynn, donde me aconsejó y marcó las pautas a seguir como maestro y como psicoterapeuta del curso. La mayoría fue a manera personal y través de nuestros correos electrónicos desde su Fundación Aurora. Incluyo una correspondencia que recibí de Judith Whitson, fundadora de la Fundation For Inner Peace, luego que la visité con Rosa María en su casa de Tiburón, en la Bahía de San Francisco, en California, USA.

La Expiación es tan dulce que basta con que la llames con un leve susurro para que todo Su poder acuda en tu ayuda y te preste apoyo (T-14. IX.3:2).

También incluyo la invitación que nos hiciera Rosa María para que la acompañáramos a visitar Israel, Egipto y Persia; petición que le hiciera la VOZ desde hacía más de 27 años para el momento en que se le presentó la oportunidad. Ella, obedientemente, tenía que pisar esas tierras que pisó Jesús, e ir al desierto, a las pirámides de Egipto, donde todos le danzamos a los faraones y al sitio donde llegó Jesús en la huída. Visitamos en Israel el Qumrán y el Mar Muerto, el Mar Rojo, el Tiberiades donde Jesús expuso las bienaventuranzas, Nazaret, Belén y Jerusalén. Conocimos a Efrat Sar-Shalom, la traductora al hebreo de *Un Curso de Milagros*, que fue la segunda traducción del curso, y al grupo de estudios judío en Tel Aviv. Visitamos al año siguiente Grecia y conocimos a la traductora, aun no oficial, al griego de *Un Curso de Milagros*, quien junto a todos los estudiantes de Grecia, de religión ortodoxa, nos ofrecieron una recepción inolvidable. Incluyo la crónica enviada por Rosa María. De Grecia pasamos a Roma, donde nos reunimos con los estudiantes de allá e Isabella Popani, la traductora oficial al italiano de *Un Curso de Milagros*. Continuamos a España y Francia a visitar al santuario de la Virgen de Lourdes, donde acompañamos a Rosa María y a Lisbeth a bañarse en la piscina de la Virgen. Rosa María fue mariana, así como Helen Shucman, y deseaba visitar todos los santuarios de la Virgen María. "El amor perfecto es la Expiación" (T.2.VI.7:8).

Rosa María Wynn bailando en el autopullman de regreso de Egipto a Israel, 2007.

Efrat Sar-Shalom y su esposo Seffi Hanegbi; al lado de Seffi se encuentra Blanquita Sarmiento seguida por nuestra guía turística y Rosa María Wynn en Israel, 2007.

Efrat Sar-Shalom junto a su esposo Seffi Hanegbi y su pequeña hija con Ignacio González Campos comiendo con la mano en la carpa de unos beduinos en el 2007.

2007 Invitación de RMW a IGC y compañeros de viaje a Israel y Egipto. "Los milagros son vistos en la luz"

Un viaje espiritual en el Judea y Desierto de Negev.

En un lugar donde el silencio es un panorama completamente interminable, donde la oración para el Alma es natural y espontánea, viajan a su esencia verdadera en una nación estéril e inhóspita. Intuya la fuerza del desierto cuando despierta su identidad interior, y el poder de la creación que exige ser reavivada.

125

Zman Midbar en el desierto de Judea le invita a que comparta una experiencia única en un lugar único. Aquí algunos de los jefes más grandes de la historia se pusieron de pie y cayeron. Nuestro padre Abraham, Moisés, y Jesús de Nazaret, estaban en este mismo desierto donde David compuso sus salmos de elogio al Señor; estaban aquí también, los primeros ascetas que pidieron el aislamiento; los Esenios; los Fariseos; los Saduceos; y todos los fanáticos que vivieron en el desierto de Judea. Y en el espíritu del Qumrán puede ser conseguido el origen de *Un Curso de Milagros*.

El viaje incluye las visitas a los sitios sagrados de los judíos y los cristianos, combinadas con procesos espirituales enriquecedores y lecturas de *Un Curso de Milagros*, períodos de silencio, oración y meditación. Las excursiones son únicas y las experiencias añaden sabor al viaje y vigor al trabajo de comprensión y perdón.

Haremos un viaje diferente a la montaña de Dios, el monte Karkoum en el Negev. Aquí 40.000 pinturas sobre la roca fueron descubiertas, incluyendo las tablas de los Diez Mandamientos y el dios de la palabra. Veremos escorpiones, serpientes, trenes de camello, fiestas de caza, y más.

Visitaremos Masada, nos uniremos a una excavación arqueológica en Capseq, las ruinas del pueblo de Canaán donde una réplica exacta del templo de Jerusalén ha sido desenterrada.

Sus anfitriones en el viaje serán Efrat Sar-Shalom y Seffi Hanegbi, y otros guías del equipo de Zman Midbar.

Efrat Sar-Shalom es una consejera espiritual superior y terapeuta. Facilitadora principal en Israel de *Un Curso de Milagros*. Tuvo un papel muy importante en la traducción al hebreo de Un Curso de Milagros.

Seffi Hanegbi, un hombre del desierto, es un descubridor de caminos antiguos y con su visión lleva muchos años promoviendo la paz en el Medio Oriente. Trabaja incansablemente en el progreso del nómada del Negev.

Efrat y Seffi están dedicados al establecimiento de Zman Midbar, a un centro espiritual ecológico para el amor y la paz en el desierto de Judea, fundado sobre los principios de *Un Curso de Milagros*.

Rosa María Wynn con Ignacio González Campos bajando del lujoso autopullman en pleno viaje de regreso de Egipto, en el 2007.

Ignacio González Campos, Rosa María Wynn, y su hija Isa, Lisbeth Palmar de Adrianza, Carmencita Torres y Daniela Flores en El Cairo, Egipto, luego de bajar de la pirámide de Giza en el 2007.

Rosa María Wynn en Israel y sus acompañantes, con el grupo de estudios de *Un Curso de Milagros* en hebreo, 2007.

Junio 24, 2009. De RMW para IGC
y compañeros de viaje a Grecia e Italia

Mis amados compañeros de jornada....

Ya finalmente recuperada del viaje, quiero expresarles a todos y cada uno de ustedes mi agradecimiento por la confianza que depositaron en mi al acompañarme a un viaje que realizaba en obediencia a mi Padre. Y como les dije en la

Rosa María Wynn, Efrat Sar-Shalom, el maestro de *Un Curso de Milagros* de Tel Aviv, y Máryori Azpúrua en el 2010.

última reunión que tuvimos el martes en la noche en Roma, todo lo acontecido no hubiese tenido lugar si uno solo de ustedes no hubiese estado presente.

No paro de acordarme de tantos momentos vividos, y en especial, de la experiencia que tuvimos en Atenas con los estudiantes de *Un Curso de Milagros* en Grecia. Esta mañana intenté hablar con María Xifora, la señora con la pipa, y con Ioulia, la que leyó el texto de bienvenida a todos. No las encontré pero les dejé un mensaje dándoles las gracias por la gloriosa recepción que nos dieron... También les escribí expresando lo mismo.

Luego llamé a Cristina, la prima de Takis, y la que fue la traductora esa noche. ¡Se puso tan y tan contenta cuando se dio cuenta de que era yo! Me dijo que la única queja que tuvieron todos ellos fue que el tiempo que pasamos juntos fue demasiado corto... y que estaban llenos de agradecimiento por nuestra visita a su país y por querer conocerlos. De parte de todos nosotros le expresé mi gratitud y que por favor se lo comunicara a todos los que ella conociese. Sé que hablé por todos nosotros.

Me dijo también que a todos les maravilló nuestra alegría... el amor que se desprendía de todos. Y siento que así fue durante todo el viaje.

Sigo con mi pulserita puesta, y me siento unida a todos en el santo propósito que nos llevó... Espero que todos se mantengan firmes en la meta de dejar de juzgar, y de en cambio, pedirle al Espíritu que Él les dé Su juicio, y así ver las cosas con la visión de Cristo. Alabado sea nuestro Padre por habernos dado un plan de escape tan bello... tan feliz.

Me siento plena, realizada, sabiendo que junto con todos ustedes, cumplí con algo que nuestro Padre me pidió... y tal como me dijo la Voz aquel bendito lunes del encuentro... "Nadie puede ni imaginarse las repercusiones que van a tener lugar como resultado de ese encuentro."

Gracias una vez más por confiar en mí, por amarme, y por ser fieles a lo que les dicta su corazón. Yo los amo y los sostengo en lo más alto sabiendo que finalmente todos cumpliremos con la función que nos fue asignada, y que todos juntos saldremos de este sueño de dolor, enfermedad, sufrimiento y muerte, al sueño feliz que Cristo Jesús ha soñado ya por nosotros.

Viven en mi corazón...

En el Amor de Cristo, Rosa María

Mayo 26, 2010. De RMW para IGC.

Mi querido Ignacio,

Hace tiempo que tomaste la decisión de servir al Padre en Su plan para sanar a Su amado Hijo. Tu decisión de dar seminarios es parte de ese plan. Ello acelerará tu aprendizaje y ayudará a muchas personas a descubrir su propia luz al verla en ti.

Adelante, hermano. Dios te ha llamado y tú has respondido. ¡Enhorabuena!

Con todo mi amor y eterna bendición,

Rosa María

Bendiciones y más bendiciones...

Rosa María Wynn

Junio 17, 2010. De IGC para RMW

Querida Rosa María. Estoy tan feliz, pero tan feliz. El seminario fue todo un éxito. Conmigo fuimos 18 personas y 5 vinieron de otras partes de Venezuela, entre ellas Karen Marfil y Rosario, compañeras de tus formaciones, y 3 alumnas de Marco Sorgi. Es impresionante la facilidad con la que se mueve el Espíritu, lo que inspira, lo que enseña a través de mí. Estaban felices los participantes y quieren más. Aprendimos los obstáculos a la paz y los mostraba a través de ejemplos y de constelaciones. La imagen inicial que el ego presenta con el servicio de los participantes y el posterior resultado luego de ver la culpa y de entregarla al Espíritu Santo. Eran muy evidente las diferentes trampas que el ego nos pone para no ver lo que mantiene oculto. El trabajo excesivo, la rabia, los accidentes, la carencia económica, las relaciones extramatrimoniales, la comida, la enfermedad, en fin, todo los que nos ocupa y consume tiempo para no ver el error; A su vez, era bellísimo, cuando el participante que presenta un problema a resolver, luego de su entrega, los egos se desarman y pierden fuerza, y los representantes de los Dones de Dios que colocaba en la constelación se pegaban como un imán al que inicialmente tenía el problema. La constelación inicialmente —y el curso habla de ellas—, es una imagen interior o percepción que se representa fuera con personas para visualizar el estado de separación y exclusión que hemos proyectado. Luego de ver el error y hacer la entrega a la Expiación del Espíritu Santo, la nueva imagen representada con los participantes que hacen el movimiento toma la única constelación posible, que es la que el Padre está unido eternamente a su Hijo. En algún momento si está bien para ti y el Espíritu Santo podemos hacer una muestra. Aunque fueron creadas para resolver asuntos del pasado yo la he aplicado con las lecciones de *Un Curso de Milagros* como una manera instructiva y me ha funcionado perfectamente. Estoy agradecido de tus bendiciones y tu gran apoyo. Te amo santa hermanita mía. Ignacio

Rosa María Wynn y el grupo de viajeros que la acompañamos en Éfeso, Turquía, en el 2007, donde pisó tierra persa.

Rosa María Wynn, su hija Isa, Lisbeth Palmar de Adrianza, Ignacio González, en Atenas, con todos los compañeros del viaje a Grecia y Turquía en el 2009, provenientes de Argentina, España, México y Venezuela.

Rosa María Wynn, Lisbeth Palmar de Adrianza e Isabella Popani, traductora al italiano de *Un Curso de Milagros* en Italia, 2009.

Junio 22, 2010. De RMW para IGC

Mi amado Ignacio,

¡Qué feliz me hace que todo salió de acuerdo al plan de Dios! Tienes una función que cumplir y como le has dado tu consentimiento Él se valdrá de ti, de todo lo que has aprendido, para ayudar a otros a que encuentren su luz, su camino.

Bendito seas, santo hermano. Tienes todo mi apoyo, mi amor y mi bendición. Sigue adelante y sigue dejando tu luz brillar para que todos la vean y puedan reconocer la suya propia.

Un fuerte abrazo,

Rosa María Wynn

Julio 11, 2010. De RMW para IGC

Hola hermanito de mi corazón,

Es mi deseo que en todo lo que hagas brilles en lo alto para que todos vean tu luz, y así reconozcan la suya propia... que sirvas de inspiración para que aquellos que están ahora listos tomen la decisión de escuchar una sola voz, de querer perdonar todo, no importa qué. Y que se den cuenta de que su SER es eterno y libre para siempre.

Tienes todo mi amor, respeto y bendición eterna. Y Dios mediante, ¡nos vemos en México! ¡Aleluya!

Rosa María.

Noviembre 30, 2010. De RMW a IGC.

Querido luminiscente,

Es mi deseo que esta misiva te encuentre en paz y en dicha, pero que si no lo estás, que recuerdes que eres el soberano de tu mente y que siempre puedes cambiar los sentimientos que experimentas, pues puedes elegir los pensamientos que aceptas en tu mente.

Aquellos que han estado en otros retiros saben que éste fue diferente. La intención era que lo que allí se experimentara se hiciera más fuerte luego del retiro. Que el entendimiento de lo que se nos está pidiendo y por qué se profundizara con el pasar del tiempo.

El compromiso que allí tomamos de mantenernos alertas con respecto a los pensamientos que se presentan en nuestra mente, y de rechazar aquellos que reconocemos no son de Dios es algo que generará enorme resistencia, ya sea por el esfuerzo que ello requiere o sencillamente por inercia —el dejar que las cosas sigan como siempre han sido— o sea, dejar que nuestra mente siga divagando y operando sin disciplina. Y otra razón es porque realmente no creemos que los pensamientos que aceptamos en nuestra mente tengan algo que ver con la condición del mundo que percibimos, o con los sentimientos que experimentamos.

Volvernos conscientes de los pensamientos que afloran en nuestras mentes, y que antes de darles entrada usemos nuestro discernimiento para ver si son de Dios o no, requiere, además de un sólido compromiso, un gran esfuerzo. Pero ahí no acaba el esfuerzo. Si el pensamiento no procede del Amor, el compromiso que tomamos en LUMINISCENCIA nos pide que no lo aceptemos, que digamos, "Dios es Amor y este pensamiento no es de Él", y que de inmediato se lo entreguemos al Espíritu Santo para que Él lo cancele en nuestra mente así como en la mente de todo ser humano, y encima, que lo reemplacemos con un pensamiento de amor. Hasta que se vuelva un hábito, requerirá esfuerzo de nuestra parte. Es aquí donde podemos ver cuán grandes son nuestros deseos de querer realmente servir en el plan de Dios; cuán grandes nuestras ganas de querer acabar con el sueño de dolor, de ataque, de desamor y de participar en cambio en hacer todo lo que esté a nuestro alcance para traer el sueño feliz.

No olvidemos lo que la física cuántica ha demostrado: que lo percibido tiene todo que ver con el perceptor. Todo pensamiento que aceptemos en nuestra mente producirá forma en algún lugar nos dice el curso.

Luego está la culpa que el ego querrá que sintamos por no mantener nuestra palabra de que vamos a ser vigilantes de nuestra mente. Y si caemos en esta trampa, ciertamente ello retrasará nuestro crecimiento y la meta que nos propusimos, pero no podrá cambiar lo que somos, pues siempre podemos tomar otra elección y elegir retomar el compromiso. Resuelve que no te dejarás arrastrar por la culpa... que si te olvidas de mantener la vigilancia y de hacer todo el proceso, que cuando te acuerdes reconozcas que en efecto te habías olvidado, pero ahí mismo comienza nuevamente la vigilancia.

Lo otro que era esencial en este retiro es que todos entendiésemos que todo aquello que "hacemos" que no vino del Espíritu, del Amor, lo hicimos "a sabiendas". Sin esta aceptación, no hay manera que el Espíritu pueda cancelar las consecuencias de lo que se le entrega. Y no es que el Espíritu quiere que te sientas culpable... todo lo contrario. Pues una vez que admites que lo que estás entregando lo hiciste "a sabiendas", el ego no tiene fundamento para atacarte, torturarte, y para hacerte sentir culpable. El querer ocultar que lo que hicimos en ese estado de desamor fue a sabiendas es lo que "nos mata" por así decirlo.

Recuerda que mantener el compromiso requerirá gran esfuerzo, y que habrá ocasiones en las que pensarás que "estás yendo en contra de ti mismo" al negarte a hacer lo que algunos de tus supuestos pensamientos te invita a hacer, como recurrir a la venganza, al contraataque, al juicio condenatorio, a darle motivos a las acciones de otros... en fin, todo aquello a lo que el Espíritu Santo no te guiaría.

Intenta también soñar "felizmente" a tus hermanos; que vamos a ver a aquellas personas en nuestra vida a través del Espíritu Santo en ellos, pues sólo así podremos saber que Él está igualmente en nosotros.

Muchas otras cosas sucedieron en el retiro, muchas sutiles, pero al final todo lo allí vivido te ayudará a querer tener una mayor buena voluntad. Nadie puede hacer este trabajo por nadie, pero el trabajo de cada uno nos apoya a todos a querer seguir adelante. Cada vez que te vuelvas consciente de un pensamiento no amoroso y lo rechaces, obras en bien de todos. ¡Y espero que recuerdes cambiarte la pulsera de brazo!

Somos los soberanos de nuestra mente. Y de esta soberanía no podemos claudicar. Tenemos todo el apoyo del Espíritu, de Jesús, de nuestro Ser... y nuestra verdadera voluntad es hacer todo aquello que habla de nuestra grandeza, de nuestra majestuosidad, de nuestro Origen.

Fue un honor para mí poder facilitar este retiro. Mi propio compromiso se hizo más fuerte. Tu participación fue fundamental para lo que allí se vivió y las consecuencias que ello tendrá en la vida de todos. Los amo y los bendigo.

En el Amor de Cristo.

Noviembre 4, 2011. De Judith Whitson para IGC

Thanks so much for sending this, Ignatio.

Have a wonderful seminar. It is so good to see your smiling face and remember what a good time we had together.

Love, Jud

TRADUCCIÓN:

Muchas gracias por enviar esto, Ignacio.

Ten un seminario maravilloso. Es muy bueno ver tu cara sonriente y recordar lo bien que la pasamos juntos.

Amor Jud

Febrero 16, 2012. De RMW para IGC

Querido hermanito,

Acabo de recibir dos correos aparentemente tuyos, pero es obvio que no lo son. Hay que hacer clic en una página en inglés, que seguramente me llevaría a un sitio donde comprar Viagra o algo así. De manera que tienes que cambiar de inmediato tu contraseña o la seguirán usando para otros propósitos.

El viaje a Argentina está tomando forma y me siento tan feliz de que vamos para allá... Cristina y Norma se encargarán de organizarlo todo, y están súper felices de hacerlo. El próximo octubre Judy tendrá una celebración con todos los traductores, así que conoceré personas de otros países, para tener ya el contacto para futuros viajes.

Aprovecho este correo para desearte lo mejor, que sigas adelante en tu misión, y que dejes que tu luz siga brillando en grande para que todos la vean. Todo mi amor.

Febrero 16, 2012. De IGC para RMW

Gracias hermanita. No son mensajes enviados por mí. No estoy en mi ordenador. Estoy en mi teléfono y me están llegando múltiples notificaciones en este momento.

Me alegra muchísimo el viaje a Argentina y mucho más tu reunión con los traductores. Ayer pensé en ti porque perdí la paz con el chico de turno. Tenemos dos años e hizo algo que para mí era intolerable y que no quería más en mi vida. Vi algo en él que no estaba en él. Aunque le mostré mi molestia no hubo pelea. Conseguí con el Padre que lo que me parecía intolerable era lo mismo que mi papá consideró intolerable en su madre y lo llevo a quitarle el habla. Luego de entregarle la causa a la Expiación pude recuperar la paz. Lamento haber cuestionado a mi hermano, su comportamiento era recurrente y no me sentía feliz y le manifesté mi molestia. Ahora agradezco lo sucedido, pues, de no ser así, no hubiera visto lo que tenía que perdonar. Te amo y te bendigo en grande.

Me viene hacer una Maestría para mis alumnos a finales de junio cerca de Carora. Como una semana de retiro.

La Voz me lo está diciendo.

Te pido señales.

Febrero 18, 2012. De RMW para IGC

Sí, sabía que no eran enviados por tí.

Estoy tan contenta con mi viaje a Argentina. Ya la Norma y la María Cristina están completamente integradas a organizar y a ayudarnos en todo. Y cuando tenga la oportunidad de conocer a otros traductores, ello nos permitirá organizar otro viaje más adelante, allí donde podamos conocer a otros estudiantes del curso… uff, hermanito, creo que hemos dado inicio a una nueva tradición.

Gracias por compartir conmigo lo que sucedió con tu chico de turno. Y lo que pudiste no tan sólo ver, sino procesar, entregando la causa a la Expiación…Y si te viene hacer una Maestría, sabes que cuentas con mi apoyo… Quiero que sigas llevando a cabo tu función, pues nada apresura tanto nuestro propio proceso que compartir y extender lo que ya hemos aprendido.

Te quiero mucho, y estoy muy feliz de tenerte en mi vida…

Febrero 18, 2012. De IGC para RMW

Hola bella hermanita mía.

Comparto contigo por escrito esta manera de hacer el ejercicio de la Expiación que yo estoy llevando con quienes me lo han solicitado en psicoterapias individuales y en seminarios pues me han pedido en otros grupos que se lo hiciera por escrito para ponerlo en práctica a manera particular y a otros, siempre con la guía del Espíritu Santo. Te amo y te bendigo en grande.

Estoy felizzz, de llevar la Expiación al congreso de España, como que nadie la usa ni la pone en práctica. Me hace feliz cumplir con mi función de expandirla, ja ja...

Septiembre 18, 2012. De RMW para IGC

Hola mi santo hermanito,

He estado pensando en ti y enviando bendiciones a granel para ti y tu santa misión de llevar el mensaje de la Expiación a todas partes.... no hay nada más que pueda corregir el error original, en el que todos los demás errores están contenidos. El Espíritu Santo me dijo desde el principio que tenía que hablar de la Expiación en todos mis seminarios, algo que he hecho, aunque se me acuse de repetirme... Me hace tan feliz que me hayas "escuchado"... Sigue adelante, pues estás dirigido por el Espíritu y tu mensaje llegará y tocará muchos seres que están esperando la Respuesta.

Te amo y tienes todo mi respaldo y bendición.

Febrero 7, 2013. De RMW para IGC

Mi querido Ignacio,

Absolutamente cuentas con mi amor, bendición y apoyo. Sigue adelante con tu ministerio. El Padre cuenta contigo, y Su Amor y Gracia te rodean.

Bendiciones a granel.

En el Amor de Cristo,

Rosa María

Febrero 7, 2013. De IGC para RMW

Gracias Rosa María por responderme y apoyar mi papel en el plan del Padre. Te amo y bendigo. Ignacio.

Marzo 2, 2013. De RMW para IGC

Hola hermano,

Sé que tu único interés y propósito en esta vida es servir de ayuda en el plan de Dios, y de extender el entendimiento de lo que es la EXPIACIÓN, cosa que como muy bien sabes, es algo de lo que apenas se habla en los círculos de la gente que enseña o estudia el curso, aun cuando es la enseñanza fundamental del mismo. Pero eso cambiará, y tú serás uno de los instrumentos que el Espíritu usará para lograrlo.

Cuando dices que "cada participante podrá ofrecer al Espíritu lo que aprendió, el potencial que tiene…" asumo que te refieres que le entregarán al Espíritu todo lo que han aprendido en el camino que hayan estado recorriendo, para que el Espíritu les indique si eso que han aprendido "es cierto, parcialmente cierto o no es cierto en absoluto", que es casi una cita textual del curso. Lo otro que pueden entregar es todo aquello que ellos saben les trae culpa, y que lo procesen con Él, así como cualquier cosa que los avergüenza o por lo que se sienten humillados. Pero para que una entrega de culpa sea eficaz es menester que se reconozca que sea lo que sea que provoca la culpa, hay que entender que lo hicimos a sabiendas. Sin este reconocimiento, el ego tendrá terreno fértil donde volver.... Lo más duro es reconocer que hemos hecho cosas que violan la Regla de Oro, a sabiendas… La ocultación es lo que más daño nos hace, en el sentido de que no podemos entonces entregar lo que sea de todo corazón al Espíritu para que Él lo subsane. Por eso siempre le recuerdo a la gente que ellos siguen siendo tal como Dios los creó, que seguimos siendo inocentes no importa los errores que se hayan cometido… Lo importante es animarlos a que busquen todo aquello que hayan ocultado, que típicamente son "actos que no nacieron del amor" y que el ego se encarga de que ellos "paguen" con sufrimiento por el terrible "pecado". Aunque esto suena sencillo, ahí está todo. Recuerda que no sufrimos por nada que nos hayan hecho realmente, sino por lo que nosotros hemos hecho a otros.

Entiendo que quieras usar el protocolo de la Formación de Maestros que doy, pues es el que te trae paz… y esa es la mejor razón del mundo. No sé si vuelva a hacer otra Formación de Maestros, aunque se me ha pedido tantas veces que haga una en México que lo estoy considerando seriamente, y por esa razón me gustaría reservar lo de las velitas para ésta, pues es la dinámica cumbre además del "encierro", así como las oraciones que se le dan a los participantes para que hagan al comienzo y al final del mismo. Las dinámicas de todos los eventos, míos y de otros maestros, son la base de los mismos y lo que los distingue a unos de otros, y por eso siempre pido a los participantes que no hablen del encierro, de las velitas, etc., para que sea algo igualmente maravilloso para aquellos que participen por primera vez en una Formación lo puedan recibir como una gran "sorpresa", por no tener otra palabra para usar. Sé lo impactante que es salir del encierro y encontrarnos con cientos de velitas que nos dirigen al altar…

La dinámica de pedir milagros es algo que, por el contrario, pido que aquellos que quieran, la usen en sus grupos, eventos, etc. Y que recuerden que no son ellos los que están obrando el milagro, sino los que los están pidiendo para otros, en Nombre de Cristo Jesús, ya que Él es el que los dispensa. Y que no pidan nada específico, sino solo el milagro, y que lo dejen a Su discreción.

Bueno, hermanito, tienes mi bendición eterna, todo mi apoyo y todo mi amor… Bendito seas eternamente.

Enero 18, 2015. De RMW para IGC

Hola mi querido Ignacio del corazón,

El otro día recibí vía PayPal $300 dólares, y quería saber el motivo, si fue un diezmo, una donación, o si es para reservar tu cupo en la Formación, o el Avanzado en Medellín, en fin, que me digas, ¿vale?

Deseosa de verte pronto y darte uno de esos abrazos que llenos de amor nos damos…

Todo mi amor, Rosa María.

Enero 30, 2015. De RMW para IGC

Todos los Avanzados y Formaciones, aunque en formato son prácticamente iguales, el contenido varía considerablemente, dependiendo de los asistentes. Por supuesto, mi preferencia sería que vinieras a los dos eventos, pero mi sentir es que debes venir a la Formación, y de entrada te digo que los que han estado ya en una, podrán, si quieren, tener consigo el curso o el anexo durante el encierro…

Un abrazo lleno de todo mi amor,

Enero 30, 2015. De IGC para RMW

Rosa María bella y santa. Te bendigo en grande. Te escribo para comunicarte que estaré Dios mediante en México en la formación de Maestros. Y tengo boletos.

Ya aboné 300 $ y según los cambios que hay en Venezuela con respecto a las divisas, me aprueban 700 $ a la tarjeta de crédito para ir a México y nada de efectivo: cuando decidí participar aprobaban 1500 $ en tarjeta más 500 $ en efectivo y me rendía para pagar el resto de la Formación.

Creo que el total es 1250$. Resto 950$.

Lo que te planteo es que vuelvo a viajar a USA y España en septiembre y octubre, y para cada viaje me aprueban 700 $ más. De no poder pagar la totalidad de la Formación en esta oportunidad, tendré que pedirte permiso para abonar el resto después. O sea, en agosto. Aunque estoy buscando la manera de poder cancelarlo todo de una vez en Medellín. Dime si está bien para ti.

Lo otro es que la semana que viene del 21 al 27 de mayo daré la 3a Maestría para Psicoterapeutas de *Un Curso de Milagros* y las *Constelaciones para la Expiación*. Viene José Luis. Para ello cuento con tu amor y tu bendición. Te envío afiche para que los veas.

Deseo enormemente que te encuentres muy requetebién y repuesta de tus energías. Estoy infinitamente agradecido de ti y tus enseñanzas, y de que le dijeras que Si al Padre.

Te cuento que estoy full de seminarios, y llevo la Expiación a Miami el 4 de septiembre y a Salt Lake City en Utah, el 28 de agosto. También daré la Maestría de psicoterapia en España para octubre y se organiza en Medellín.

Te llevo a México lo que te tengo del diezmo. Te amo. Ignacio

Mayo 14, 2015. De RMW para IGC

Hola hermano,

Gracias por tus bendiciones… lo agradezco.

Y sí, podemos hacer lo que propones de abonar más tarde el resto del costo de la Formación, pues entiendo la situación que me explicas. E igualmente cuentas con mi bendición para todos los eventos que vas a llevar a cabo, expandiendo lo que es la Expiación. El Espíritu te guía y está contigo.

Un fuerte abrazo lleno de cariño y de bendiciones para ti y todos tus proyectos.

Rosa María

Marzo 30, 2016. De IGC para RMW

Hola bella Rosa María. Te ofrezco el milagro que más necesites en este momento en Nombre de Cristo Jesús. Amen.

Lisbeth me contó de tu experiencia y operación y te deseo tu absoluta recuperación.

Te cuento que la semana que viene 9 y 10 de abril, antes de tu cumpleaños tendremos el Primer Congreso Nacional para la Paz. Pretendemos llevarlo por toda Venezuela, en especial a los lugares donde viven los estudiantes que se han entrenado con la psicoterapia del curso de mi mano, pues, tenemos un capital humano entrenado de 68 personas. En este congreso habremos 10 ponentes, entre ellos algunos que tú conoces como verás en el afiche. Pretendemos mostrar la experiencia de cada uno de ellos en los milagros y la Expiación. Es en Carora porque es donde vivo, ja ja y se me ha hecho más fácil.

He sentido que este paso es muy importante para la expansión de *Un Curso de Milagros*. De hecho estoy conmovido. Fue una idea que me ha inspirado el Espíritu Santo y todo se ha facilitado. Jacqueline y Daniela hablarán de la relación santa. Yrwin Escalona hablará de la mano de Jesús en la psicoterapia, Nieves Méndez de la consecución de la paz. He notado con mucha fuerza la experiencia de milagros que cuentan estos alumnos y estoy feliz de mostrarla al mundo.

Sé que este evento te hará feliz. Cuento con tu amor y tu bendición.

Ignacio tu santo hermano

Abril 21, 2016. De RMW para IGC

Gracias, mi santo hermanito, por tus buenos deseos de pronta recuperación… La verdad es que cada día estoy mejor. Gracias igualmente por todo lo que haces por la expansión del mensaje del curso.

Espero que ese Primer Congreso Nacional para la Paz haya sido todo un éxito, pues al haber sido inspirado por el Espíritu no pudo ser de otra manera. Ciertamente siempre puedes contar con mi apoyo y bendición para todo lo que haces en nombre de tu función. Bendito seas hermanito ahora y siempre…

Recibe todo mi amor, respeto y apoyo…

Rosa María

Abril 21, 2016. De IGC para RMW

Amén Rosa María por tu bendición, apoyo y respeto. Que alegría que ya estés muchísimo mejor.

Te cuento que fue todo un éxito. Acudieron estudiantes de todo el país e igualaba el número a los que asistieron de Carora que pensé que no les interesaría. No fue ningún pariente mío. Un sobrino ahijado llego para el final y vio la ponencia de Jacqueline y Daniela y le encantó. La gente se conmovió y lloró. Se identificaron. Preguntaron poco. Se fue la luz cuando empezó Yrwin pero salió mejor, pues, brillaba.

Yo me conmoví al ver el crecimiento de mis alumnos. Me viene que debo dedicarme a entrenar y entrenar con la psicoterapia del curso. Entendí porque la Voz me indicó el término "Ética Retrospectiva" hace 5 años y que ya te lo había comentado. El ego tiene su retrospectiva de buscar y no encontrar. El Espíritu Santo busca y encuentra. Y esa es justo la Ética que nos enseña *Un Curso de Milagros*. Que es el Espíritu Santo Quien busca en mi mente y halla la causa, de la mano de Jesús. Que no tiene que ver con una ética de comportamiento, sino de Quien es el verdadero psicoterapeuta.

Estoy feliz. Del 5 al 11 de mayo daré en Los Teques la IV Maestría para psicoterapeutas de *Un Curso de Milagros*. Vienen José Luis, Cristina y Norma de Argentina y posiblemente Liliana Durán de Cancún. Para ello cuento también con tu amor y tu bendición.

En julio se está programando el Segundo Congreso para la Paz en Maracaibo. Allí estará otro grupo de psicoterapeutas entrenados por mí. Deseo que los conozcan a todos. Que lo aprendido se expanda. Jesucristo me dirá quiénes serán los ponentes.

Bueno. Te mantengo al tanto. Y sé que el día de tu cumpleaños estuviste muy feliz. En todas las redes sociales te felicitaron y bendijeron como yo te bendigo ahora y en cada momento que te recuerdo. Muchas gracias hermanita mía.

Ignacio.

Junio 14, 2016. De RMW para IGC

Hola mi querido Ignacio…gracias por tus buenos deseos de recuperación para mí. Y así está siendo, gracias a Dios.

¡Qué bueno lo que me comentas sobre la IV Maestría! Y que mis hermanitas se fueran contentas y que hayan vivido directamente tu trabajo. Benditos sean todos. Y eso que me dices de tu futuro libro es excelente. ¡El Padre te está usando y tú lo permites! Me hace feliz ver que tu buena voluntad para obedecer es cada vez mayor. Y al final, es siempre con el ejemplo como realmente enseñamos.

Sigue adelante, llevando, y siendo, el mensaje tan extraordinario que se nos ha confiado impartir.

Gracias por tus bendiciones, y por lo que las acompañan…. gracias.

Rosa María

II. Tabla de contraste entre la autopsicoterapia
y la psicoterapia para asistir a otro

Psicoterapia para asistir a Otro	Autopsicoterapia
Comienzo	Comienzo
Procedimiento Correctivo	Procedimiento Correctivo
La persona o paciente debe reconocer que no está feliz, que hay un problema y que tiene que ser corregido de inmediato. Reconocer que fracasó en su intento de ser feliz y que está sufriendo y que no tiene paz… por eso viene. Que no sabe lo que le conviene hacer en esta situación que le dé paz.	Reconozco que no estoy feliz, tengo un problema y tiene que ser corregido de inmediato. Reconozco que fracasé en mi intento de ser feliz y estoy sufriendo. No tengo paz….
Unificar Propósitos / Fijar la Meta	Unificar Propósitos / Fijar la Meta
Lo conduzco a través de preguntas: ¿para qué quiere la psicoterapia? ¿Cuál es tu propósito? ¿Qué andas buscando? ¿Y si lo logras que ganarías con eso? Lo llevo hasta su deseo oculto de hallar la paz mental, o su paz interior. Y me unifico con él a ese propósito. Lo enfrento: ¿Quieres esto o la paz interior?	Mi único deseo debe ser alcanzar de nuevo mi paz interior.

DISPOSICIÓN	DISPOSICIÓN
El otro Tiene que estar dispuesto a perdonar, no importa qué. Si no, no funciona la psicoterapia.	Tengo que estar dispuesto a perdonar, no importa qué. Si no, no funciona la psicoterapia.

INVOCAR A LOS AYUDANTES	INVOCAR A LOS AYUDANTES
Invoco al Nombre de Dios y el mío propio. Invoco al Espíritu Santo. Uno mi mente a la de Jesucristo y a la del otro y tomo Su mano. Puedo hacerlo en silencio o en voz alta para que el otro aprenda. Le digo: Reconozco que por mi cuenta no te puedo ayudar. Pero si algo puedo hacer por ti, el Espíritu Santo me lo dirá. Me hago a un lado. Te ofrezco el instante santo del Espíritu Santo... Se Tú quien dirige.	Hago mi invocación al Nombre de Dios y al mío propio, también al Espíritu Santo. Le digo a Jesucristo: me uno a Tu mente, quédate en ella, revisa conmigo. Toma mi mano.

PRIMER PELDAÑO DE LA ORACIÓN ASPECTO PETICIONARIO / ORAR CON OTROS	PRIMER PELDAÑO DE LA ORACIÓN ASPECTO PETICIONARIO

CONFESIÓN, VACIADO Y DESCARGA	CONFESIÓN, VACIADO Y DESCARGA
Le pregunto al otro: ¿qué es lo que te quita la paz? Y dejo que me eche el cuento completo, que se desahogue. Puedo parar en cuanto sea suficiente. Repito su historia como si fuera la mía, y que me siga en voz alta para que escuche su canto fúnebre. Termino diciendo: Al menos puedo decidir que no me gusta cómo me estoy sintiendo. "Padre amado, esto no puede ser Tu Voluntad, esto no tiene por qué ser así, pues, no tengo paz y no estoy feliz como Tú quieres que lo esté. Tengo que haberme equivocado, tuve que haber cometido un error o tomé una decisión equivocada, que trajo a mi vida este efecto indeseable y que jamás pudo ser Tu deseo puesto que soy Tu Hijo(a). No estoy molesto con *tal persona* por la razón que creo.	Realizo una confesión con Dios desde el corazón, en absoluto abandono y profunda honestidad y escucho mi propia cantaleta, descargando todos mis resentimientos, todo lo que me hiere, me atemoriza y me molesta. Al menos puedo decidir que no me gusta cómo me estoy sintiendo. Cuando me haya desahogado por completo reconozco: Esto no tiene por qué ser así, sé que Tu Voluntad para mí, Dios Padre amado, es perfecta felicidad y no está sucediendo según Tu Voluntad. Tengo que haberme dejado engañar por otra voluntad ajena a la Tuya. Tengo que haberme equivocado, tuve que haber cometido un error o tomé una decisión equivocada, que trajo a mi vida este efecto indeseable y que jamás pudo ser Tu deseo puesto que soy Tu Hijo(a). No estoy molesto con *tal persona* por la razón que creo.

PLEGARIA DE PETICIÓN	PLEGARIA DE PETICIÓN
De acuerdo con lo planteado, el paciente pedirá saber a quién le hizo lo mismo que le está pasando a él. Voy enumerando con él. Ésta es una idea. Y repite conmigo: Santo Padre: Por favor, deseo que me lleves al momento de mi pasado donde yo dije, pensé o hice algo que Tú no hubieses dicho, hecho o pensado. O aquello que he debido haber dicho, hecho o pensado, que Tú si hubieses dicho, hecho o pensado. Trae a mí recuerdo cualquier experiencia de terror y miedo que yo puse en el futuro. Que pregunte y repita contigo: Santo Padre:	Santo Padre: Por favor, deseo que me lleves al momento de mi pasado donde yo dije, hice o pensé algo que Tú no hubieses dicho, hecho o pensado. O aquello que debí haber dicho, hecho o pensado, que Tú sí hubieses dicho, hecho o pensado. Trae a mi recuerdo cualquier experiencia de terror y miedo que puse en el futuro. Pregunto: Santo Padre: ¿De quién me separé? ¿Qué fue aquello que creí que otro me hizo? por el cual le guardo rencor. ¿A quién le hice lo mismo que me está pasando? ¿A quién mantengo excluido, a quién culpo? ¿A

¿De quién me separé?
¿Qué fue aquello que creí que otro me hizo? por el cual le guardo rencor.
¿A quién mantengo excluido? ¿A quién rechacé? ¿A quién odio aún? ¿Qué es lo que no quiero perdonar, que Tú sí perdonarías? Sólo si está bien para Ti, tráelo a mí memoria y dame las señales que yo pueda entender.
Si obré sin amor contra una de Tus criaturas, o consideré a alguien indigno de Tu amor o de mí amor permíteme reconocerlo.
Utilizo la soberanía de mi mente para que sea llevada al momento de mi pasado donde tomé la decisión equivocada o cometí el error que aún está vigente y que trajo esta situación a mi vida. Espíritu Santo, busca y halla en mi memoria la causa de mi problema, el error que cometí, la fuente de mi sufrimiento, la culpa que aún siento. Quiero reconocer: De qué me siento culpable. Permítaseme reconocer el problema para que pueda ser resuelto.
Espíritu Santo estoy dispuesto a perdonar lo que sea que me esté quitando la paz con tal de recuperarla.
Que pregunte con la certeza de que se le responderá.
Hacemos silencio.
El Espíritu Santo buscará y hallará en la memoria del paciente aquello que está en el pasado o en el futuro que le esté causando el miedo o la pérdida de la paz, y allí lo deshará.

quién rechacé? ¿A quién odio aún? ¿Qué es lo que no quiero perdonar, que Tú sí perdonarías?
Digo: Santo Padre: Sólo si está bien para Ti, trae a mi conciencia la causa de mi problema, hazme saber de qué me siento culpable, dame señales de la manera que yo pueda entender.
Si obré sin amor contra una de Tus criaturas, o consideré a alguien indigno de Tu Amor o de mi amor permíteme reconocerlo.
Utilizo la soberanía de mi mente para que sea llevada al momento de mi pasado donde tomé la decisión equivocada o cometí el error que aún está vigente y que trajo esta situación a mi vida. Espíritu Santo, busca y halla en mi memoria la causa de mi problema, el error que cometí, la fuente de mi sufrimiento, la culpa que aún siento. Permítaseme reconocer el problema para que pueda ser resuelto.
Estoy dispuesto a perdonar lo que sea con tal de recuperar mi paz y dejarlo todo en manos de la Expiación del Espíritu Santo. Pregunto y se me responderá. Hago silencio.
Si se lo permito El Espíritu Santo buscará y hallará en mi memoria aquello que está en el pasado o en el futuro que me esté causando el miedo o la pérdida de la paz, y allí lo deshará.

SILENCIO	SILENCIO
Dejo que el otro haga silencio y espero hasta que tenga la Respuesta. Si dice que no le llega nada, repite conmigo: Gracias Espíritu Santo, reconozco que aún tengo resistencia. Comenzamos de nuevo la letanía. Lo más seguro es que le llegue más rápido.	En el silencio vendrá el recuerdo de la causa del problema planteado. Si creo que no me llega nada, reconozco mi resistencia y vuelvo a empezar. Repito la queja y la plegaria.
SEGUNDO PELDAÑO DE LA ORACIÓN CONSUMACIÓN DEL MILAGRO	**SEGUNDO PELDAÑO DE LA ORACIÓN CONSUMACIÓN DEL MILAGRO**
El Espíritu halló la Causa en la memoria del otro. Ocurrió el milagro.	El Espíritu halló la Causa en mi memoria. Ocurrió el milagro.
ASUMIR TOTAL RESPONSABILIDAD	**ASUMIR TOTAL RESPONSABILIDAD**
El otro repite conmigo. Asumo la responsabilidad de lo que dije, hice o pensé. El otro puede mirar en mis ojos o en los de otra persona, a los ojos del personaje que halló el Espíritu Santo y hacerse responsable y reconocerle: Si te lo hice. Si me vengué de ti. Si te odié o te robé. Le digo sí, a las consecuencias que esto trajo para mí. Etc. **Yo quise.**	Asumo la responsabilidad de lo que hice, o le hice a aquel que el Espíritu Santo halló en mi memoria. Visualizo al agraviado y le reconozco: Si te lo hice, si me vengué, te maltraté, etc. Le digo sí, a la manera como te lo hice; Le digo sí, a la fuerza que sentí cuando te lo hice; y le digo sí, a las consecuencias que esto trajo para mí. Yo pedí un trato igual. **Yo quise.**

ACTO DE CONTRICIÓN RECONOCER EL ERROR	ACTO DE CONTRICIÓN RECONOCER EL ERROR
El otro dice conmigo de todo corazón según lo que haya conseguido: Espíritu Santo, me equivoqué, me dejé engañar a sabiendas por mi falsa identidad, por mi deseo de ser especial y mi deseo de tener más del todo que ya tengo, y por aquello que no era yo. Yo no sabía lo que hacía ni sus consecuencias. No fue el Hijo de Dios en mí que lo hizo. Sólo fue un error. Y estoy pagando un alto precio por eso. Le voy diciendo lo más cercano entre lo que se consiguió en la memoria y lo que me contó al principio.	Digo de todo corazón según lo que conseguí: Espíritu Santo, me equivoqué, me dejé engañar a sabiendas por mi falsa identidad, por mi deseo de ser especial y mi deseo de tener más del todo que ya tengo, y por aquello que no era yo. Yo no sabía lo que hacía ni sus consecuencias. No fue el Hijo de Dios en mí que lo hizo. Solo fue un error. Y estoy pagando un alto precio por eso.
PERDONAR	**PERDONAR**
PIDO PERDÓN	**PIDO PERDÓN**
El otro repite conmigo: –Te pido perdón Espíritu Santo por todos los errores que cometí y por mis decisiones equivocadas. –Te pido perdón santo hermano por aquello que hay en mí y en mi familia que provocó esta situación. –Te pido perdón por la interpretación que hice de los hechos. –Le enumero todos los motivos por los cuales tiene que pedir perdón.	–Te pido perdón Espíritu Santo por todos los errores que cometí, y por mis decisiones equivocadas. –Te pido perdón santo hermano por aquello que hay en mí y en mi familia que provocó esta situación. –Te pido perdón por la interpretación que hice de los hechos. –Pido perdón a todas y cada una de las personas que vinieron a mi mente y las cuales herí o usé.
TE PERDONO	**TE PERDONO**
El otro perdonará a cada persona que le vino a la mente en su terapia, bien sea que lo visualice, lo mire en los ojos de un representante, o en mis ojos. Repite conmigo: Santo hermano, te perdono por todo lo que jamás pensé que eras, te perdono por lo que no me hiciste, te perdono por la culpa que jamás tuviste, te perdono por lo que jamás me robaste, etc. Si pareció así, yo quise que fuese así. Te perdono por todo lo que vino a mi conciencia, porque quiero ser perdonado; te libero de la culpa, porque me libero a mí mismo de la culpa. O ambos somos inocentes, o ambos culpables. Elijo liberarte para siempre. Y te libero de la cruz donde te crucifiqué y te quito de la frente la corona de espinas. Por favor, bájame de la cruz donde yo mismo me crucifiqué. Revoco todo lo que pensé de ti y mis decisiones equivocadas.	Visualizo a cada persona o situación conseguida y digo: Santo hermano, te perdono por todo lo que jamás pensé que eras, te perdono por lo que no me hiciste, te perdono por la culpa que jamás tuviste, te perdono por lo que jamás me robaste, etc. Si pareció así, yo quise que fue así. Te perdono por todo lo que vino a mi conciencia, porque quiero ser perdonado; te libero de la culpa, porque me libero a mí mismo de la culpa. O ambos somos inocentes, o ambos culpables. Elijo liberarte para siempre. Y te libero de la cruz donde te crucifiqué y te quito de la frente la corona de espinas. Por favor, bájame de la cruz donde yo mismo me crucifiqué. Revoco todo lo que pensé de ti y mis decisiones equivocadas.

DEJAR EN MANOS DE JESUCRISTO	DEJAR EN MANOS DE JESUCRISTO
Le pido al otro que mire a Jesús en mis ojos y le diga: Jesucristo, esta culpa que yo llevo (expongo las razones), la dejo en Tus manos, hazte cargo de esa culpa que es muy pesada para mí y no puedo con ella, junto a todos mis aparentes pecados. Mantén en mi memoria el recuerdo de quien soy, que aún sigo siendo tal como Dios me creó. Que oiga que Jesús le dice a través de mí: Deja todas tus culpas y tus aparentes pecados conmigo que yo puedo con eso. Tú eres libre. Le pregunto al otro: ¿Cómo está eso para tí?	Visualizo a Jesucristo y le digo: Jesucristo, esta culpa que yo llevo (expongo las razones), la dejo en Tus manos, hazte cargo de esa culpa que es muy pesada para mí y no puedo con ella, junto a todos mis aparentes pecados. Mantén en mi memoria el recuerdo de quien soy, que aún sigo siendo tal como Dios me creó. Oyes que Jesús te dice: Deja todas tus culpas y tus aparentes pecados conmigo que yo puedo con eso. Tú eres libre. Debería experimentar una gran paz luego de esta entrega.
EXPIACIÓN	**EXPIACIÓN**
ACEPTARLA / ENTREGAR A LA EXPIACIÓN	ACEPTARLA / ENTREGAR A LA EXPIACIÓN
Ya en paz, enumero todos los errores conseguidos, y el otro repite conmigo: Gracias Espíritu Santo por lo que trajiste a mi conciencia. Acepto la Expiación para mí mismo. Expía Tú por mí Espíritu Santo. Le entrego todos los errores que cometí, y todas las decisiones equivocadas que tomé, a la Expiación, para que sean disueltas y deshechas y queden sin consecuencias y sin efectos en mi mente y en la mente de todos los involucrados. En la mente de papá y en la de mamá, en la de mis ancestros, mi familia, mi pareja, mis hijos, nietos, bisnietos, tataranietos y toda mi descendencia, y en la mente de toda la filiación.	Enumero todo lo que conseguí. Te doy gracias Espíritu Santo por lo que trajiste a mi conciencia. Acepto la Expiación para mí mismo. Expía Tú por mí Espíritu Santo. Le entrego todos los errores que cometí y todas mis decisiones equivocadas a la Expiación para que sean disueltas y deshechas y queden sin consecuencias y sin efectos en mi mente y en la mente de todos los involucrados. En la mente de papá, y en la de mamá, en la de mis ancestros, mi familia, mi pareja, mis hijos, nietos, bisnietos, tataranietos, y toda mi descendencia, y en toda la filiación.
TERCER PELDAÑO DE LA ORACIÓN	**TERCER PELDAÑO DE LA ORACIÓN**
CIERRE / NUEVA DECISIÓN GRATITUD	CIERRE / NUEVA DECISIÓN GRATITUD
Decimos juntos para cerrar: Espíritu Santo estoy agradecido, te entrego mi mente para que la sanes, te la devuelvo, toma Tú una nueva decisión en favor de Dios por mí en aquel momento en que me equivoqué. Dame una nueva manera de ver esa situación y a las personas involucradas que me dé paz. Le digo al que pidió la ayuda: Todos tus pecados han sido perdonados y los tuyos junto con los míos. Le doy las gracias al otro por el milagro que me trajo y le recuerdo que entre su mente, la de los involucrados y la mía no hay separación.	Espíritu Santo estoy agradecido. Te entrego mi mente para que la sanes, te la devuelvo, toma Tú una nueva decisión en favor de Dios por mí en el momento en que me equivoqué. Dame una nueva manera de ver esta situación y a las personas involucradas que me dé paz. Visualizándolas, le digo a las personas que encontré en mi psicoterapia: Todos tus pecados han sido perdonados y los tuyos junto con los míos.

III. Índice de Referencias del libro *Un Curso de Milagros*

Todas las citas de *Un Curso de Milagros* © son de la segunda edición, publicada en 2018 y se utilizan con el permiso de la **Fundación para la Paz Interior**, PO Box 598, Mill Valley, CA 94942 a 0.598, www.acim.org y info@acim.org.

Agradezco cada cita textual tomada de *Un Curso de Milagros* en este libro. La puedes buscar siguiendo estas sugerencias:

Prefacio.p.xvii. = Prefacio, Pagina xvii.

T-23.III.5:1-4. = Texto, Capítulo 23, Sección III, Párrafo 5, Frases de la 1 a la 4.

T-18.VI.11:1,3-4,10-11. = Texto, Capítulo 18, Sección VI, Párrafo 11, Frase 1, Frase de la 3 a la 4 y Frase de la 10 a la 11.

T-19.IV.C.i.5:1-5. = Texto, Capítulo 19, Sección IV. Parte C, Punto i, Párrafo 5, Frases de la 1 a la 5.

L-pI.158.5:1-3. = Libro de ejercicios, PRIMERA PARTE, Lección 158, Párrafo 5, Frases de la 1 a la 3.

L-pI.rV.in.12:2-3. = Libro de ejercicios, PRIMERA PARTE, Quinto Repaso, Introducción, Párrafo 12, Frases 2 y 3.

L-pII.3.1:4-5. = Libro de ejercicios, SEGUNDA PARTE, Pensamiento Central 3, Párrafo 1, Frases 4 y 5.

L-pII.328. = Libro de ejercicios, SEGUNDA PARTE, Lección 328.

M-I.2:4-5. = Manual para el maestro, Pregunta 1, Párrafo 2, Frases 4 y 5.

C-5.2:1-6. = Clarificación de términos, Término 5, Párrafo 2, Frases del 1 al 6.

P-in.1:1. = Psicoterapia, Introducción, Párrafo 1, Frase 1.

P-3.III.4.6-8. = Psicoterapia, Capítulo 3, Sección III, Párrafo 4, Frases de la 6 a la 8.

O-1.I.4:1. = El Canto de la Oración, Capítulo 1, Sección I, Párrafo 4, Frase 1.

LIBRO SEGUNDO
ÉTICA RETROSPECTIVA
LA PSICOTERAPIA PARA LA EXPIACIÓN DESTILADA DE *UN CURSO DE MILAGROS*
APLICACIONES PRÁCTICAS

CITA DE LA PORTADA: 1. L-pI.122.1:1-6.2:1.

NOTA DEL AUTOR: 1. T-25.VI.6:1, 4,6-8. 2. M-1.2:4-5. 3. M-1.3:1-11.

PRÓLOGO: 1. T-11.In.4:1-3,8. 2. T-10.V.7:1-3.

INTRODUCCIÓN GENERAL: 1. P-2.in.1:1. 2. P-in.1:1-5. 3. P-1.1:1-2. 4. M-23.1:1-9. 5. T-5.VI.9:4-5.

PRIMERA PARTE
LA PSICOTERAPIA AL ALCANCE DE TODOS
CAPÍTULO 1 / LA AUTOPSICOTERAPIA. PSICOTERAPIA PERSONAL O INDIVIDUAL

I. INTRODUCCIÓN: 1. L-pI.24.1:1-6. 2. L-pI.79.5:1-5. 3. L-pI.64.2:3-4. 4. L-pI.70.1:5-6. 5. L-pI.79.3:1-3. 6. L-pI.79.6:2-4. 7. L-pI.159.7:1-6. 8. L-pI.71.5:1-2. 9. L-pI.108.5:1-3.

II. DESIERTOS DE RECOGIMIENTO CON ROSA MARÍA WYNN: 1. L-pI.20.1:4-6. 2. L-pI.7.10:11-12. 3. L-pI.26.2:3. 4. T-11.V.1:1-6. 5. T-29.IV.1:5-7; 2:1-3; 3:4-5. 6. T-19.IV.C.i.11:1,6-10. 7. L-pI.186.10:3. 8. T-9.I.11:1. 9. T-27.VIII.2:4-7. 10. T-20.VII.9:1-2. 11. T-11.V.2:1-2. 12. T-19.IV.C.2:5-6. 13. T-24.II.14:1-5. 14. T-19.IV.D.i.15:1-2,9-10. 15. L-pI.21.2:2. 16. L-pI.90.1:5.17. L-pI.137.8.1:3.

III. DESIERTO DE RECOGIMIENTO CON IGNACIO GONZÁLEZ CAMPOS: 1. L-pI.185.8:1-8.

CAPÍTULO 2 / PSICOTERAPIAS A DISTANCIA Y COLECTIVA

I. INTRODUCCIÓN: 1. L-pI.154.2:1-4. 2. L-pI.161.4:1-3. 3. P-3.I.3:1-10. 4. L-pI.137.10:1-4.
II. PSICOTERAPIA A DISTANCIA
III. PSICOTERAPIA COLECTIVA O GRUPAL: 1. T-14.III.9:5. 2. M-1.4:3,8-10. 3. L-pI.54.4:1-6. 4. T-4.VI.8:2-4. 5. L-pI.139.9:1-7.

SEGUNDA PARTE
ALCANCE DE LA PSICOTERAPIA
CAPÍTULO 1 / LAS EMOCIONES

I. INTRODUCCIÓN: 1. T-12.I.9:5. 2. T-13.V.10:2-3. 3. L-pI.186.8:4-5. 4. T-13. in.2:1-11. 5. T-13.V.1:1. 6. L-pI.135.10:1-2. 7. T-13.III.10:2-6.
II. AMOR Y MIEDO: 1. L-pI.136.5:1-5. 2. M-17.4:1-5. 3. T-18.II.5:4. 4. L-pI.135.9:1-4. 5. L-pI.167.4:1-2. 6. T-13.IV.6:1-6. 7. L-pI.91.7:1-3. 8. L-pI.152.5:1-2.

CAPÍTULO 2 / PROYECCIONES

I. CHIVO EXPIATORIO: 1. T-30.VI.9:1-4. 2. L-pI.87.3:4. 3. T-19.IV.D.i.16:5-6. 4. T-19. IV.D.i.20:3-7. 5. L-pI.7. 6. T-19.IV.D.i.18:1-3. 7. T-13.IX.2:1-6. 8. T-18.VI.6:1. 9. T-28.II.5:5-7. 10. T-13.IX.4:1-6. 11. T-19.IV.D.i.19:6.
II. EJERCICIO TEXTUAL DE PERDÓN DE UN CURSO DE MILAGROS: 1. L-pI.78.4:1-5; 5:1-6; 6:3-4; 7:1-4; 8:1-5.

CAPÍTULO 3 / EL DINERO

I. DE LA ECONOMÍA DE LA ESCASEZ A LA ECONOMÍA DE LA ABUNDANCIA: 1. T-7.VIII.1:1-11. 2. T-30.V.9:9-10. 3. T-15.VI.5:1-2. 4. T-7.VII.7:7-8. 5. T-30.IV.6:1-6. 6. T-27.VIII.2:1-3. 7. P-3.III.1:5-10. 8. T-1.VI.1:3-10. 9. T-9.II.11:6-7. 10. T-25.VIII.13:5-10. 11. T-13.VII.12:1-8. 12. T-17.III.2:10. 13. T-4.II.6:1-6. 14. Prefacio.p.xiv. 15. T-9.II.10:1-6. 16. T-12.IV.6:7-8. 17. T-13.VII.11:1-6. 18. T-25.IX.3:1-3; 4:1-3. 19. T-13.VII.1:1-8.

CAPÍTULO 4 / ACOSTARSE, DORMIR Y DESPERTARSE

I. El PROPÓSITO DE LOS SUEÑOS NOCTURNOS: 1. T-8.IX.3:5,8. 2. T-18.II.6:1-3. 3. T-10.I.2:1-6. 4. T-28.II.4:5. 5. T-13.VII.9:1-3. 6. T-27.VII.14:1-3. 7. L-pI.140.3:1-5.
II. MEDITACIÓN PARA EL DESPERTAR: 1. T-30.I.16:2-6. 2. L-pI.101.6:1-2. 3. L-pI.154.8:6. 4. T-1.III.4:3-4. 5. T-30.VII.2:1-7.

TERCERA PARTE
REGALOS DE ROSA MARÍA WYNN
CAPÍTULO 1 / DE SU INSPIRACIÓN

I. PEDIR Y OFRECER MILAGROS: 1. L-pII.13.1:1-3; 2:1. 2. L-pI.186.13:5. 3. T-13.VII.4:2-3. 4. T-30.VIII.6:5. 5. T-1.III.1:2-3. 6. L-pII.13.4:1-3. 7. L-pII.345.2:1-3. 8. L-pII.345. 9. L-pII.345.1:4-7. 10. T-21.III.2:6-7. 11. L-pII.13.5:1-4.

CAPÍTULO 2 / ANTECESORES

I. INTRODUCCIÓN: 1. T-5.VI.8:1-3. 2. L-pII.281. 3. L-pI.124.6:1-3. 4. T-21.II.2:3-5. 5. L-pI.54.4.1-6. 6. L-pII.278.2:1-5.
II. TERAPIA TRANSGENERACIONAL: 7. L-pI.124.3:1-3.
III. PAGAR DEUDAS PENDIENTES EN EL MUNDO DE LAS FORMAS: 1. T-18.V.7:1-6. 2. T-11. IV.4:1-6. 3. T-19.II.8:1-2. 4. T-29.IV.4:1-3,8-10. 5. L-pI.200.6:1-4. 6. L-pI.136.3:1-4. 7. L-pI.192.9:4-7. 8. T-25.VII.11:1-2,5; 12:1-5. 9. T-26.VIII.8:1-3.

CAPÍTULO 3 / ACLARATORIAS

I. AUTOESTIMA: 1. T-12.VI.3:1-6. 2. T-10.III.6:3-5. 3. T-7.VII.7:1-3.
II. MUDRAS1. T-15.IV.1:3-8.   :

CAPÍTULO 4 / REGALO ÚTIL

I. ROSARIO ESENIO O MALA: 1. T-25.III.6:1-5,8. 2. T-31.V.17:5-8. 3. L-pII.in.5:1-7.
II. LA PALOMITA DE PLATA: 1. L-pII.7.1:1,3-5: 2:1-3.
III. LA PULSERITA DE GOMA: 1. T-9.IV.1:1-6.

APÉNDICE

I. CORRESPONDENCIA CON ROSA MARÍA WYNN: 1. T-14.IX.1:1-5. 2. T-14.IX.3:2. 3. T.2. VI.7:8.

145

Fundación Caroreña para la Expiación y la Paz Interior

Ignacio González Campos siempre ha sido artista plástico y coleccionista. Obtuvo el título de Ingeniero Civil en la Universidad Rafael Urdaneta de Maracaibo, el 15 de julio de 1987. Hizo una Maestría de Arquitectura en Conservación y Restauración de Monumentos en la Universidad Central de Venezuela de 1988 a 1990. Fue parte del proyecto de Restauración del Panteón Nacional. Se formó como Restaurador de bienes muebles en la Galería de Arte Nacional, 1988 y 1989. Fundó, en el año 1992, en Carora, el "Complejo Cultural Teatro Salamanca", con su propio Taller de Restauración y Galería de Arte. Con Fernando de Jesús Briceño Álvarez, fundó el Salón de Artes Plásticas Pedro León Torres de Carora, logrando siete ediciones. En sociedad con Fernando, fundaron "INvendibles", una tienda de antigüedades. Actualmente ejerce su profesión, diseña como arquitecto e inspecciona obras. Lleva a cabo las investigaciones y restauraciones de los monumentos históricos de su ciudad natal. Está involucrado con *Un Curso de Milagros* desde 1998, luego de conocer de su existencia en los Talleres de Bioenergética de la Lic. Laura Carrasco Verde, en Carora.

Se consideró discípulo y muy amigo de Rosa María Wynn, traductora oficial al castellano del libro *Un Curso de Milagros,* a quien conoció en Venezuela en el año 2003. La acompañó a los viajes que la Voz le pidió que hiciera por Israel, Egipto y Persia, hacía más de 24 años para ese entonces. Con Rosa María Wynn, en el 2011, visitó la casa de Judy Skutch Whitson, fundadora y Directora de la Fundation For Inner Peace, en su casa de Tiburón, frente a la Bahía de San Francisco, en California, USA. Se entrenó con Rosa María Wynn en 6 de las 8 Formaciones de Maestros de Dios que impartió entre Venezuela, España y México, convirtiéndose en uno de sus asistentes de sus últimas tres Formaciones. En el 2008, luego de declararse Maestro de Dios, abrió su propio grupo para estudiantes de *Un Curso de Milagros* en su ciudad natal Carora, donde ha vivido siempre.

En el 2004, luego de regresar de la primera Formación de Maestros de Dios con Rosa María Wynn, ayudando a sus amigos, dio con la psicoterapia asistida, y se inició como psicoterapeuta a petición popular. Dejó el tarot y la quiromancia.

Se entrenó en el 2006 como Constelador Familiar, en el Instituto Bert Hellinger de Venezuela, con Carola Castillo, con quien también hizo las *Constelaciones Reconstructivas,* en junio del 2010.

Cuando la Voz, la noche del 24 de junio del 2010, le dijo a Ignacio "Ética Retrospectiva", concepto que para ese entonces era inentendible, inició una comunicación permanente con Rosa María Wynn a manera personal y por correo electrónico, obteniendo su aprobación y bendición para lo nuevo que estaba surgiendo. Tanto fue su encanto que se atrevió a decir en público, que después de que llevaba hablando de la Expiación durante muchísimos años por el mundo, por fin, un maestro de Venezuela llamado Ignacio González, se había arrancado con la Expiación.

En el 2012, surge el método que se le inspiró a Ignacio González Campos de manera escrita. El mismo ha servido como base para este libro, como elemento primordial para el entrenamiento de las Maestrías y de fundamento de los libros en español que ya se han escrito acerca de la psicoterapia de *Un Curso de Milagros*.

El 4 de enero del 2013, habiendo seguido los fundamentos de la "Fundación Aurora Fellowship", que le facilitó José Luis Molina Millán, con la bendición de Rosa María Wynn, Ignacio González Campos junto a Víctor Danny Yépez Marchán el Secretario, Ana Lucrecia Mogollón la Tesorera, Edmundo Rafael Páez Pérez, Yolanda Roca de Páez, Antonio Salvador Uccello Nieves, Mariela Antonia Mendoza de Uccello, Eli René Espinoza Camacaro y Elsy Maritza Ramírez de Meléndez, crearon la "Fundación Caroreña para la Expiación y la Paz Interior", denominada también "La Fundación", de la cual Ignacio es el Presidente. Es una fundación civil sin fines de lucro que según documento redactado por el abogado Luis Ignacio Chirinos Campos, es una institución comunitaria de carácter eminentemente social y de naturaleza civil, con la finalidad de crear, convocar y unir esfuerzos para sensibilizar y lograr el estudio, investigación y divulgación de las enseñanzas de *Un Curso de Milagros*, como herramienta para la consecución del bienestar y la paz interior; construir un sistema de capacitación, formación y adiestramiento, a través de charlas, seminarios, cursos, formaciones y cualquier otro medio de instrucción, donde las enseñanzas de *Un Curso de Milagros*, dicha desde su particular horizonte simbólico, tenga valor, y pueda ser expresada y por tanto, profundamente asumida; donde la Paz alcanzada a través de la Expiación, desde cualquier identidad que provenga, tenga trascendencia en el tejido social, cultural y espiritual de la colectividad.

Es la Fundación la que presenta la Maestría para Psicoterapeutas con la Ética Retrospectiva de *Un Curso de Milagros* y las *Constelaciones para la Expiación* creada por Ignacio González Campos desde el 2013 en Venezuela y fuera de ella. En Venezuela: Jabón 2013, 2014, Agua Viva 2015, Los Teques 2016, 2017 y 2018. En México: Mérida, Yucatán 2017, 2018, 2019. También se encarga de promover los seminarios psicoterapéuticos, talleres, charlas, conferencias y entrevistas a nivel mundial, impartidas por Ignacio con los diversos temas del curso; todos llevados a la práctica de la psicoterapia. Es la Fundación quien importa desde la "Fundación para la Paz Interior", en Colombia, los libros actualizados de *Un Curso de Milagros* para su distribución en Venezuela. Anteriormente colaboraba con la "Fundación Aurora Fellowship" en la distribución de los libros del curso. Actualmente sigue distribuyendo los libros "El Aprendiz Impecable" de Rosa María Wynn y sus tarjetitas de ayuda, y las "Perlas de Sabiduría", recopilación que hiciera Lisbeth Palmar de Adrianza de las citas de Rosa María en distintos seminarios.

La Maestría para Psicoterapeutas con la Ética Retrospectiva de *Un Curso de Milagros* y las *Constelaciones para la Expiación*, consisten en un entrenamiento intensivo para estudiantes comprometidos con la expansión de la Expiación y la extensión de *Un Curso de Milagros*. Su formato en el tiempo es el mismo que utilizó Rosa María Wynn en sus Formaciones de Maestros de Dios: seis noches y siete días en un lugar propicio con suficientes habitaciones para ocupar una por persona, donde la atención sea excelente y sólo la dedicación sea al entrenamiento. Se utiliza el libro del curso y el anexo si no se tiene la edición combinada. Se interactúa en la práctica unos con otros y en grupos, de manera que cada quien comience de inmediato a experimentar los movimientos del Espíritu Santo en los demás y en sí mismo, al poner su cuerpo a Su servicio y al de la comunicación. El Espíritu Santo lo usa como canal de amor en todo momento, pues, eso es lo que se quiere, poder soltarse y confiar en Él. Se vive la experiencia de tomar la mano de Jesús. Cada participante practica la psicoterapia asistida para otros y se le asiste, tanto en lo individual como en los movimientos con las constelaciones. Se experimenta la manera de procesar individualmente un problema tras otro en un desierto o encerrona de 24 horas con asistencia exterior. En todo momento se presta ayuda y guía a cada quien que se le esté procesando con una psicoterapia, como en aquellos momentos donde él mismo sirve de terapeuta. No hay un patrón ni un pensum de estudios a seguir, puesto que el Espíritu Santo –uno con Jesús–, son quienes dirigen la Maestría, y nos sorprenden siempre, puesto que cada Maestría es una escalera de ascenso, diferente y progresiva, siempre traen algo nuevo. Los repitientes fungen de Maestros y tienen una responsabilidad sobre los aprendices. La **Fundación Caroreña para la Expiación y la Paz Interior** es quien emite el certificado.

La Fundación organiza los exitosos Congresos para la Paz, en Venezuela, donde los ponentes son avezados y reconocidos psicoterapeutas nacionales entrenados por Ignacio González Campos con la Ética Retrospectiva.

Inspirado por los áshram de algunos maestros espirituales, por los Kibutz y los Centros de Paz que visitó con Rosa María Wynn en los calurosos desiertos de Israel en el 2007, y en el Campamento médico terapéutico vacacional Solonia de los doctores Medina, sitio en el corazón de la Gran Sabana de Venezuela, que visitó en el 2011, y guiado por la Voz del Espíritu Santo, Ignacio González Campos construyó a sus expensas, y a expensas de los recursos generados por las Maestrías que imparte, una casa de retiros espirituales al lado de una bellísima montaña, en parte de un fundo agropecuario que perteneció a su familia. Posee una vegetación autóctona dentro de un bosque muy antiguo que bordea varios kilómetros de caños receptores de agua, generalmente secos, rodeado de un paisaje semiárido y desértico propio de la calurosa región del Municipio Torres, a diez minutos de Carora, en el estado Lara, Venezuela. La "Reserva Forestal Caño Moño Negro de la Santísima Trinidad. Centro de Luz", es un sitio único y soleado, con una ubicación privilegiada, donde se pueden observar diferentes especies de animales salvajes, escuchar en el silencio la melodía de las chicharras, el canto de las aves, y deleitarse con la colección de cactus y suculentas alrededor de una construcción de instalaciones modernas con estilo colonial caroreño, diseñada por él mismo, con techos de madera de cardón seco y tejas usadas, con capacidad para 22 personas, en cinco habitaciones compartidas. Posee un campanario que sirve de cisterna de agua, rematado en un techo de tejas a cuatro aguas y una flor de los vientos de metal con la forma a escala de la palomita de plata que le dejó de herencia Helen Shucman a Rosa María Wynn.

Aunque fue inaugurado el 28 de abril del 2018, en este Centro de Paz aún falta infraestructura exterior. Su propósito no se ha consumado del todo. Este Centro de Paz ha sido propicio para diferentes encuentros de psicoterapeutas que acuden a él a impartir y a extender las enseñanzas de *Un Curso de Milagros* y su Ética Retrospectiva. Esa es su dedicación.

En la actualidad, Ignacio brinda entrevistas por medio de las redes sociales a personas de diferentes países de habla hispana, con el único propósito de extender el método de la Ética Retrospectiva, la Psicoterapia para la Expiación, destilada de *Un Curso de Milagros*.

Reserva Forestal Caño Moño Negro de la Santísima Trinidad. Centro de Luz, dedicado a la práctica de la Ética Retrospectiva. La Psicoterapia para la Expiación destilada de *Un Curso de Milagros*. Carretera Lara Zulia, Sector el Gordillo, Parroquia Trinidad Samuel del Municipio Torres, estado Lara, Venezuela.

IGNACIO GONZÁLEZ CAMPOS
EL RESTAURADOR

En ningún momento de mi vida me imaginé que llegaría a ser un maestro de Dios, un guía espiritual o algo parecido. Yo creí que vine a este mundo a comer dulces, engordar, coleccionar cuerpos masculinos y a tener todo el sexo que se pudiera y acostarme con quien fuera. Provengo de una familia normal, muy trabajadora; de comunicadores sociales, radiodifusores, amas de casa, sastres, empresarios de cine, periodistas, ganaderos, criadores de chivos, maestros, latoneros, comerciantes, constructores, médicos, expertos en desarmar y armar aparatos electrónicos, cosa que yo no entiendo; de clase media pero goda, arraigada a Carora y a su diablo, a sus costumbres, a su manera de hablar, a sus apellidos de alcurnia y sus casa viejas. Es que no tengo por donde salir santo. Tenemos un pariente que fue sacerdote. Mi abuelo materno un poco chamán.

Yo, un personaje común del pueblo, coleccionista empedernido, reconocido y destacado por el buen gusto como artista plástico, escultor con materiales de desecho, restaurador de bienes muebles e inmuebles, anticuario, ingeniero civil, arquitecto, decorador, colorista, diseñador de interiores, especialista en resolver entuertos en obras de construcción, fotógrafo, Curador de Exposiciones, diseñador gráfico, diseñador de trajes, peluquero, cocinero, organizador de eventos y concursos. Genealogista. Experto en la Ouija, cartomántico y quiromántico; curioso de las ciencias ocultas; consulté a brujas y a los horóscopos como buen Leo con ascendente Escorpión y Buey; me eché las cartas, interpreté el tabaco, leí la mano y lo que me pusieran en frente; puse los cristales e hice masajes; todo lo que estaba prohibido me fascinaba, menos el alcohol y las drogas. Organicé conciertos de Rock y me eché a la iglesia encima. Ocurrente, creativo e ingenioso. Me cansé de robarle las pertenencias y los vehículos a mis hermanos, los acusé con mis padres hasta que les golpearon y castigaron, les metí miedo, me burlé de todo el mundo, chismeé, despotriqué, critiqué, peleé, mordí, ataqué y quité el habla, me vengué hasta mas no poder; les hice la vida de cuadritos a mis hermanos y fui su pinche tirano. Soberbio y arrogante como nadie; enemigo despiadado, de esos que esperan en la bajadita; era el demonio.

Requeteputo y muy enamorado, bastante promiscuo, masturbador, tocón, bocón, conquistador, infiel, pecador, celoso, acosador, imprudentísimo, odioso, e inmerecedor del perdón de Dios. Hubo momentos en que llevé golpizas; he sido la oveja negra de la familia y fui rechazado, excluido, execrado y despreciado por la sociedad y por mis amigos por marico. Llegué a sentirme como una lacra social. He sido homofóbico y a la vez todo lo gay pasivo que se puede llegar a ser, de concursos y escándalos. Cruel, vengativo y despiadado con mis parejas. Convoqué ejércitos de pecadores promiscuos para hacerle la guerra a Dios. Poco piadoso con religión católica de mi cuerpo y con actitudes reprochables hacia la iglesia, pero turista espiritual. A punto de volverme loco.

> La salvación no es más que un recordatorio de que este mundo no es tu hogar. Esto se ve y se entiende a medida que cada cual desempeña su papel en el des-hacimiento del mundo, tal como desempeñó un papel en su fabricación. Dios dispuso que el especialismo que Su Hijo eligió para hacerse daño a sí mismo fuera igualmente el medio para su salvación desde el preciso instante en que tomó esa decisión. Su pecado especial pasó a ser su gracia especial. Su odio especial se convirtió en su amor especial (T-25.VI.6:1, 4,6-8).

Y sin embargo, me pregunto: ¿Cómo es qué Dios se fijó en mí su enemigo, y me habló después de todo esto? Fue sorprendente y conmovedor. Fue milagroso. Si a mí me habló, a ti que lees esto, también te habla. Si yo lo pude escuchar, tú también lo puedes escuchar. Sólo tienes que querer. "La Llamada es universal y está activa en todo momento y en todas partes" (M-1.2:4-5). Yo contesté: SÍ PADRE, SÍ PADRE.

> Cada maestro de Dios tiene su propio curso. La estructura de éste varía enormemente, así como los medios particulares de enseñanza que emplea. El contenido del curso, no obstante, nunca varía. Su tema central es siempre: "El Hijo de Dios es inocente, y en su inocencia radica su salvación". Esto se puede enseñar con acciones o con pensamientos; con palabras o sin ellas; en cualquier lenguaje o sin lenguaje; en todo lugar o momento, o en cualquier forma. No importa lo que el maestro haya sido antes de oír la Llamada, al responder se ha convertido en un salvador. Ha visto a alguien más como así mismo. Ha encontrado, por lo tanto, su propia salvación y la salvación del mundo. Con su renacer renace el mundo (M-1.3:1-11; las destacadas son mías).

Made in the USA
Columbia, SC
06 May 2021